AUFNEHMEN, ABTIPPEN, ANALYSIEREN

Wegweiser zur Durchführung von Interview und Transkription

© 2020 Claussen, Jens; Dawid, Florian; Jankowski, Dana
Herstellung und Verlag: BoD – Books on Demand, Norderstedt
ISBN: 9783750470057

1. Auflage Februar 2020
Alle Rechte vorbehalten.

Illustrationen:
Jing Ping Winnie Lam

Inhalt

1. Vor der Aufnahme: Planung des Projektes 10
   - 1.1.1. Vor Ort oder telefonisch – wo Interviews führen? 11
   - 1.1.2. Dauer des Interviews/Wie lange ein Interview führen? 12
   - 1.1.3. Sprache: In welcher Sprache Interviews führen? 13
   - 1.1.4. Gruppen- oder Einzelinterview? 14
   - 1.1.5. Fragen entwickeln und strukturieren 16
   - 1.1.6. Interviews und Datenschutz 19

   1.2. Für die Aufnahme: Techniken und Tools 21
   - 1.2.1. Diktiergeräte und Mikrofone 22
   - 1.2.2. Aufnehmen mit dem Handy 25
   - 1.2.3. Video- oder Audioaufnahme? 28

2. Vom Aufnehmen zum Abtippen: 31

   2.1. Vorbereitung der Transkription 31

   2.2. Dateibearbeitung 32
   - 2.2.1. Dateiformate und Konvertierung 32
   - 2.2.2. Aufnahmen auf den PC übertragen 34
   - 2.2.3. Tipps zur Benennung von Dateien 36
   - 2.2.4. Programme für den Schnitt 36
   - 2.2.5. Rauschunterdrückung und Filterung 39

3. Abtippen: Das Interview: 39

   3.1. Wofür werden Transkripte angefertigt? 40
   - 3.1.1. Wissenschaft 40
   - 3.1.2. Marktforschung 41
   - 3.1.3. Filmproduktion 42
   - 3.1.4. Medien 42
   - 3.1.5. Reden, Meetings und Vorträge 42
   - 3.1.6. Biografien 43

   3.2. Zielsetzung 44
   - 3.2.1. Dokumentation 45
   - 3.2.2. Wissenschaftliche Inhaltsanalyse 45
   - 3.2.3. Sprachwissenschaftliche Analyse 46

   3.3. Verfahren und Regeln zur Transkription 48
   - 3.3.1. Einfache und Wissenschaftliche Transkription 49
   - 3.3.2. Erweiterte Transkription 52
   - 3.3.3. Komplexe Transkription 55

3.4. Optionen bei der Transkription 61
    3.4.1. Anonymisierung 61
    3.4.2. Zeitstempel und Zeilennummern 62
    3.4.3. Glättung 63
    3.4.4. Transkription und/ oder Übersetzung? 65
    3.4.5. Untertitel 66
    3.4.6. Formatierung 68
    3.4.7. Die 10 häufigsten Fehler bei der Transkription 70

3.5. Nützliche Tools für die Transkription 71
    3.5.1. Abspielprogramme 72
    3.5.2. Transkriptionsprogramme 77
    3.5.3. Transkriptions-Sets 79

3.6. Die Zukunft der Transkription: Spracherkennung!? 84

4. Analysieren 89
4.1. Qualitative Inhaltsanalyse nach Mayring 90
4.2. Quantitative Inhaltsanalyse 92
4.3. Tools für die Auswertung von Transkripten 92

5. Hilfestellung 95
5.1. Selbst transkribieren oder auslagern? 95
    5.1.1. Das richtige Zeitmanagement 96
    5.1.2. Kosten für eine Transkription 96
    5.1.3. Rechtliches und Datenschutz bei Dienstleistern 96

5.2. Zu abtipper.de 97

6. Tipps 99
7. Nützliche Links 100
8. Literaturverzeichnis 102

Vorbemerkung

Auf den folgenden 90 Seiten wird nicht das eine Transkriptionsverfahren angepriesen oder die Musterlösung für alle Interviews gegeben. Ziel ist es auch nicht, diese Themen theoretisch abzuarbeiten und die LeserInnen mit offenen Fragen zurückzulassen. Vielmehr berichten wir in diesem Buch aus unserer langjährigen Erfahrung, stellen verschiedene Methoden vor und geben praktische Tipps und Tricks rund um die Themen Interview und Transkription.

Wir führen Sie durch die einzelnen Schritte, die für das Aufnehmen, Abtippen und Analysieren Ihrer Interviews relevant und zielführend sind. Zu den einzelnen Schritten im Bereich Aufnahme zählen die Themen Planung des Projektes, Techniken und Tools und die Dateibearbeitung.

Im größten Themenblock werden die wichtigsten Aspekte der Transkription behandelt. Dabei wird auch der Vielfalt an Anwendungsbereichen und Zwecken von Transkripten Beachtung geschenkt. Denn nicht nur im Bereich der Wissenschaft, sondern auch in vielen Bereichen der Medien (z.B. Verlagswesen, Filmproduktion, Podcasts) wird mit Transkripten gearbeitet. Deswegen informieren wir ebenso über verwandte Themen wie Übersetzungen und die Erstellung von Untertiteln und welche Regeln und Verfahren in den einzelnen Anwendungsbereichen geeignet sind.

Spannend und aktuell ist hierbei die Transkription durch „künstliche Intelligenz". Dazu berichten wir über Erfahrungen und weisen auf Besonderheiten hinsichtlich der Qualität hin.

Der technische Fortschritt ermöglicht es viele Schritte in den Bereichen Interview und Transkription zu erleichtern, wenn nicht sogar ganz einzusparen. Das Angebot an technischen Hilfsmitteln ist dabei riesig. Zur Orientierung haben wir daher nützliche Tools (u.a. zur Aufnahme, zur Transkription und zur Inhaltsanalyse) getestet und miteinander verglichen.

Auch im Bereich der Analyse gibt es diverse Programme, mit denen die Auswertung vereinfacht wird. Die Herangehensweise an die Inhaltsanalyse ist dabei ebenso zweckgebunden wie jene an die Transkription. Für einen Überblick werden in diesem Buch daher einige Verfahren zur Inhaltsanalyse im Allgemeinen und das Verfahren nach Mayring (2002) im Speziellen dargestellt.

Insgesamt deckt unser Buch die interessantesten, relevantesten und praktischsten Aspekte der Transkription ab. Das Buch richtet sich somit sowohl an Forschende und Studierende als auch an alle derzeitigen und zukünftigen Abtipper aus Medien, Marktforschung und Unternehmen. Für die weitere Lektüre haben wir außerdem eine Reihe interessanter Literaturempfehlungen und Links zu Demo-Versionen und Handbüchern bereitgestellt. Diese sowie alle weiteren Links werden regelmäßig aktualisiert. Damit alle Inhalte auf dem neuesten Stand bleiben, nehmen wir gerne Ihr Feedback entgegen.

Wir wünschen Ihnen viel Vergnügen und Erfolg beim Aufnehmen, Abtippen und Analysieren!

Vorschau

Die Erstellung von Transkripten, also die schriftliche Wiedergabe eines mündlich vorliegenden Dokuments, ist meist aufwendiger, als im Vorhinein erwartet. Auf Transkripte zu verzichten, ist jedoch oft nicht möglich. In vielen Bereichen werden sie zu den unterschiedlichsten Zwecken benötigt. Dementsprechend sollte der Vorgang der Transkription in der Planung berücksichtigt werden.

In diesem Nachschlagewerk wird auf all diese Aspekte und mehr eingegangen, um wichtige Schritte vor, während und nach der Transkription aufzuzeigen und zu erleichtern. Da Transkripte häufig von qualitativen Interviews angefertigt werden, soll zunächst auf die Planung und Vorbereitung von Interviews eingegangen werden. Dazu zählen etwa die Auswahl eines geeigneten Interviewpartners, Ortes oder auch die Wahl der Sprache oder der Fragen selbst. Ebenfalls entscheidend ist die Frage, ob und wann Einzel- oder Gruppeninterviews geführt werden sollten und welche Datenschutzbestimmungen zu beachten sind.

Ein weiterer wichtiger Schritt vor der Transkription ist die Aufnahme. Dafür empfehlen wir einige Diktiergeräte und auch Handy-Apps und geben Tipps wie sie gut gelingt. Außerdem werden die Vor- und Nachteile von Video- und Audioaufnahmen näher beleuchtet.

Bevor die Transkription beginnt, kann es sinnvoll und sogar notwendig sein, die Aufnahme zu bearbeiten. Mögliche Schritte bei der Bearbeitung sind die Konvertierung von Dateien, die Übertragung auf den PC und die Benennung von Dateien. Zusätzlich empfehlen wir Programme für den Schnitt und zur Verbesserung der Klangqualität.

Nach der Aufnahme kann das Abtippen beginnen. Wichtig ist dabei zu wissen, für welchen Zweck die Transkripte angefertigt werden, denn danach richtet sich die Wahl der Transkriptionsregeln. Für einen Überblick stellen wir hier einige der häufigsten Zwecke vor und geben Empfehlungen, um das passende Transkriptionsverfahren zu finden.

Damit das Abtippen möglichst schnell und einfach von der Hand geht, vergleichen wir Abspiel- und Transkriptionsprogramme und präsentieren zudem nützliche Transkriptionssets. In diesem Zusammenhang berichten wir auch von der Transkription mit automatischer Spracherkennung und über Erfahrungswerte in diesem Bereich.

Sind die Transkripte erstellt, erfolgt oftmals eine Weiterverarbeitung in Form einer Analyse. Auch diese ist abhängig vom Zweck der Transkription. Im Rahmen von Interviews wird häufig auf das Verfahren nach Mayring zurückgegriffen, welches hier in Kürze dargestellt wird. Grundsätzlich kann zwischen einer qualitativen und einer quantitativen Analyse unterschieden werden. Insbesondere für Letztere empfehlen wir auf Auswertungsprogramme zurückzugreifen.

Abschließend klären wir die Frage, wann es sinnvoll ist die Transkription selbst durchzuführen und wann sich eine Auslagerung an einen Dienstleister lohnt. Darüber hinaus erfahren Sie mehr über abtipper und über Bestimmungen zum Datenschutz.

Zunächst wird jedoch mit dem ersten Schritt zur Transkription, der Planung des Projektes begonnen.

1 Vor der Aufnahme: Planung des Projektes

Bei der Planung qualitativer Interviews sind ein entsprechender Vorlauf und Pufferzeiten unabdingbar. Dies ist vor allem deswegen wichtig, da es von dem Gegenüber abhängt, ob und wann das Interview stattfinden kann. Bei vielbeschäftigten Personen hat ein Interview für eine Forschungsarbeit möglicherweise nicht die oberste Priorität, sodass ein solcher Termin oft verschoben oder abgesagt wird.

Folgende Schritte sind bei der Planung der Interviews empfehlenswert:

IDENTIFIKATION INTERVIEWBEDARF

Auch wenn es in der Realität oft genau andersherum läuft, sollten sich die benötigten Interviewpartner aus dem Erkenntnisinteresse ergeben. Bevor man also jemanden anspricht, sollte man sehr genau überlegt haben, warum gerade diese Person für die eigene Erhebung wichtig ist und welche Fragen man stellen möchte.

> Der ideale Interviewpartner sollte sich aus dem Erkenntnisinteresse ergeben.

ANSPRACHE DES INTERVIEWPARTNERS

Sobald man das Idealprofil eines Interviewpartners definiert hat, findet man durch eine einfache Internetrecherche meist schnell potenzielle Interviewpartner.

Der einfachste Weg diese von der Teilnahme des Interviews zu überzeugen ist per Telefon. E-Mails führen oft zu verzögerten Reaktionen, sofern überhaupt die richtige E-Mailadresse ermittelbar ist.

Die Ansprache des Interviewpartners erfolgt am einfachsten per Telefon

Eine freundliche Ansprache per Telefon führt im Idealfall zu einer unmittelbaren Terminvereinbarung für das Interview. Diese kann mit der interviewten Person selbst oder über deren Sekretariat erfolgen. Selbst wenn man noch gar nicht weiß, welche Person für das Thema zuständig ist oder keine Durchwahl besitzt, kann man sich mit einem freundlichen Angang über die Telefonzentrale durchstellen lassen.

Bei der Terminvereinbarung hilft eine freundliche Ansprache – Der Termin kann mit der interviewten Person direkt oder über deren Sekretariat vereinbart werden

Man sollte dabei hartnäckig bleiben und sich nicht abwimmeln lassen. Dies kann besser gelingen, wenn man sich bereits vorab überlegt, inwiefern das Gegenüber von dem Interview profitieren würde. Dies kann z.B. die Zurverfügungstellung der Ergebnisse sein.

Weitere, zu planende Themen sind der Ort und die Zeit, die Sprache, das technische Equipment, die inhaltliche Struktur sowie Rechtliches und Datenschutz, worauf in den folgenden Abschnitten jeweils kurz eingegangen wird.

1.1.1. Vor Ort oder telefonisch – wo Interviews führen?

Bezüglich des Ortes ist grundsätzlich zu klären, ob das Interview persönlich oder fernmündlich per Telefon oder Videokonferenz stattfinden soll. Sofern der Ort weiter entfernt ist, gibt es eigentlich keinen großen Vorteil von einem persönlichen Termin, da der Kosten- und Zeitaufwand hoch ist. Die Qualität der Ergebnisse verschlechtert sich auch bei einem gut geplanten und durchgeführten Telefon- oder Skype-Interview nicht oder nur geringfügig.

Für Termine vor Ort sollte auf jeden Fall darauf geachtet werden, dass eine volle Aufmerksamkeit und gute Akustik gegeben sind, damit eine störungsfreie Aufnahme des Gesprächs möglich ist. Auch wenn diese für ein lockeres Gespräch möglicherweise attraktiv erscheinen, eignen sich belebte Plätze wie Cafés oder Restaurants grundsätzlich nicht für gute Interviews, denn Ablenkungen und Lärm sorgen für Beeinträchtigungen des Gesprächs und der Aufnahme.

Achtung hohe Geräuschkulisse: Belebte Plätze sind grundsätzlich nicht für gute Interviews geeignet

Gut eignen sich der Wohn- oder Arbeitsort des Befragten, da die Interviewpartner an einem vertrauten Ort meist offener und entspannter sind und im Zweifel auch offengebliebene Fragen unmittelbar klären können, zum Beispiel mit einer kurzen Recherche in den vor Ort vorhandenen Unterlagen.

In einer vertrauten Umgebung sind die Interviewpartner offener und entspannter

Bei einem längeren Gespräch ist es sinnvoll, dass Getränke und Snacks bereitgestellt werden. Hierbei ist allerdings zu beachten, dass Kekse o.ä. zu Stör- und Essgeräuschen führen können und die Aufnahme somit gestört wird.

Bei Ferninterviews sollte man vor dem tatsächlichen Interview stets eine Testaufnahme machen. Es kann immer vorkommen, dass Störgeräusche das Gesprochene überlagern und die Worte des Interviewten somit nicht verständlich sind. Hierzu empfehlen sich eine Reihe von Apps für die Aufnahme (s. Kapitel 1.2.).

Auch über Telefon oder Skype können Interviews gut gelingen - vor der eigentlichen Aufnahme sollte jedoch eine Testaufnahme gemacht werden

1.1.2. Dauer des Interviews / Wie lange ein Interview führen?

Als Grundregel lässt sich nahezu jedes Thema in einem gut strukturierten und fokussierten Interview innerhalb von 1 – 1,5 Stunden besprechen. Eine längere Dauer führt oft dazu, dass die Konzentration sowohl des Befragten als auch des Interviewers nachlässt und folglich Aspekte besprochen werden, die nicht mehr zum ursprünglichen Thema passen.

Für ein gut strukturiertes Interview sollten 1 – 1,5 Stunden eingeplant werden – bei längeren Interviews kann schnell die Konzentration nachlassen

Wichtig ist vor allem, dass der zeitliche Rahmen bereits vorab besprochen wird, dass also von vornherein klar ist, wie viel Zeit der Interviewpartner hat. Die einzelnen Fragen sollten dann auf die verfügbaren Minuten aufgeteilt werden und dieser Zeitplan eng verfolgt werden, sonst sind bei Ende der Zeit möglicherweise noch Fragen offen. Dies gilt allerdings nicht bei einem wenig oder teilstrukturierten Interview.

Der Interviewer sollte rechtzeitig vorher vor Ort sein und bereits vor dem Gespräch die Aufnahme vorbereitet und getestet haben.

Als grober Richtwert lassen sich 3-4 offene Fragen in 10 Minuten besprechen. Wenn man 10 offene Fragen hat, sollte man dafür also in etwa eine halbe Stunde einplanen. Bei weniger verfügbarer Zeit sollte eine thematische Eingrenzung stattfinden. Die Beantwortung geschlossener Fragen nimmt dementsprechend weniger Zeit in Anspruch.

Für offen-gestellte Fragen sollte mehr Zeit eingeplant werden, als für geschlossene Fragen – in 10 Minuten lassen sich etwa 3-4 offene Fragen klären

Bei mehreren Interviews hintereinander sollte es zwischen den einzelnen Gesprächen ein ausreichendes Zeitfenster geben, da die tatsächliche Zeit der Interviews oft schlecht kalkulierbar ist.

Material für Interviews

- Leitfaden
- Ausreichend Papier
- Infoblatt mit Informationen über den Hintergrund und Zweck des Interviews
- Schreibgerät (Bleistift, Kugelschreiber)
- Aufnahmegerät
- Ersatzbatterien oder Stromkabel
- Kamera
- Anschauungsmaterialien (wenn benötigt)

1.1.3. Sprache: In welcher Sprache Interviews führen?

Sofern Interviewer und Interviewter verschiedene Sprachen sprechen, spielen bei der Auswahl dieser für das Interview verschiedene Faktoren eine Rolle.

Der Interviewte sollte möglichst in seiner Muttersprache sprechen können, um eloquent und spontan antworten zu können. Im Idealfall sollte die Sprache auch der Auswertungssprache (z.B. der Masterarbeit) entsprechen. So können Aussagen für die weitere Bearbeitung unmittelbar übernommen werden und müssen nicht mehr übersetzt werden.

Am einfachsten gelingen Interviews, wenn sie in der eigenen Muttersprache geführt werden – Idealerweise entspricht diese auch der Auswertungssprache

Aufnahmen mit starkem Dialekt erschweren möglicherweise die spätere Transkription und Auswertung erheblich. Es ist daher bei solchen Sprechern zu empfehlen, dass zu Beginn und auch während des Gesprächs freundlich darauf hingewiesen wird, dass die Antworten möglichst in Hochdeutsch gegeben werden. Sollten einzelne Wörter wegen Dialekt oder Aussprache (z.B. Nuscheln) nicht verständlich sein, empfiehlt es sich, unmittelbar nachzufragen, da dies sonst bei der Transkription oder der Auswertung meist nicht mehr nachträglich geklärt werden kann.

Dialekt kann Transkription und Auswertung erschweren – werden einzelne Wörter nicht verstanden, sollte unmittelbar nachgefragt werden

Typischerweise imitieren Teilnehmer in einem Gespräch unbewusst das Verhalten des Gegenübers. Sollte der Interviewte daher besonders schnell, vernuschelt oder undeutlich sprechen, so sollte der Interviewer im Gegenzug besonders langsam, klar und deutlich reden. Dies verbessert dann meist automatisch die Verständlichkeit des Interviewten.

Sollten bei dem Interview bestimmte Fachbegriffe oder Fremdwörter vorkommen, die dem Befragten möglicherweise nicht unmittelbar bekannt sind, empfiehlt sich eine vorherige Definition dieser.

Es lohnt sich Fachwörter oder Fremdwörter vor dem Interview ggf. zu recherchieren und zu definieren – wenn das Interview in einer Fremdsprache geführt wird, sollten auch die wichtigen Vokabeln vorbereitet werden

Interviews in einer Fremdsprache erfordern eine besondere Vorbereitung: Fragen, mögliche Fachbegriffe und wichtige Vokabeln sollten vorher recherchiert und vorbereitet werden. Grundsätzlich sollte man hier vorab sich ehrlich selbst einschätzen, ob die eigenen Sprachkenntnisse ausreichen, um auch eventuelle Feinheiten zu verstehen und auf spontane Entwicklungen im Gespräch zu reagieren.

1.1.4. Gruppen- oder Einzelinterview?

Bei der Entscheidung zwischen Gruppen- und Einzelinterviews scheint es auf den ersten Blick oft attraktiv, dass bei einer Gruppe mehrere Personen gleichzeitig befragt und damit Zeit gespart werden kann. Hierbei ist jedoch zu beachten, dass Einzelinterviews meist sehr viel zielführender, strukturierter und daher für eine Auswertung besser geeignet ablaufen. Bei Gruppengesprächen entwickelt sich oft eine Eigendynamik, die das Gespräch von einem vorher geplanten Rahmen abweichen lässt. Weiter übernehmen oft bestimmte Personen größere Redeanteile zu Lasten von anderen, zurückhaltenderen Teilnehmern.

> Einzelinterviews laufen oft strukturierter ab als Gruppengespräche – Gruppeninterviews entwickeln meist eine Eigendynamik

Gruppengespräche eignen sich immer dann besonders, wenn gerade diese Eigendynamik und Diskussion unter den Teilnehmern gewünscht und für das Erkenntnisinteresse zentral sind.

Gruppeninterviews sind in jedem Fall zeitaufwändiger, was bei der Planung berücksichtigt werden sollte. Bei mehreren Personen ist besonderes Augenmerk auf die Aufnahmetechnik zu legen. Hier reicht meist ein Mikrofon oder Handy als Aufnahmegerät nicht aus, sondern es müssen mehrere Aufnahmegeräte jeweils möglichst nahe an den Teilnehmern platziert werden.

> Bei Gruppeninterviews ist eine gute Aufnahmetechnik besonders wichtig

Bei Gruppengesprächen ist es darüber hinaus durchaus üblich, dass einzelne Teilnehmer spontan ihre Sitzplätze wechseln, etwas an ein Flipchart o.ä. skizzieren oder auch im Stehen sprechen. Die Aufnahmetechnik sollte solche Sonderfälle ebenfalls erfassen können.

Wenn für die spätere Auswertung eine Sprecherzuordnung wichtig ist, dann ist bei mehreren Sprechern eine Videoaufnahme oder ein Sprecherprotokoll unabdingbar. In letzterem wird in einer einfachen Tabelle festgehalten, welche Person (über Personenkürzel) zu welchem Zeitpunkt spricht, so dass dies bei der späteren Transkription korrekt zugeordnet werden kann. Häufig werden die Befragten zu Beginn des Interviews dazu aufgefordert, vor jedem Beitrag ihren Namen zu nennen. Erfahrungsgemäß wird dies allerdings meist nicht bis zum Ende des Gesprächs durchgehalten.

> Videoaufnahmen sind gut für Gruppeninterviews geeignet – diese erleichtern u.a. die Sprecherzuordnung bei der Transkription

Während des Gesprächs ist eine strikte Moderation entscheidend für die zu gewinnenden Erkenntnisse. Der Moderator muss das Gespräch entlang des Leitfadens strukturieren und Abschweifungen zu anderen Themen unterbinden. Sofern sich interessante Diskussionen unter den Teilnehmern ergeben, sollte sich der Moderator aber durchaus auch einmal zurückziehen können, um die Eigendynamik einer solchen Diskussion nicht zu unterbinden. Grundsätzlich wird es von den Teilnehmern meist geschätzt, wenn der Moderator zu den organisatorischen Eckpunkten des Gesprächs (z.B. Pausen) klare Ansagen macht und hierfür keinen langwierigen konsensualen Findungsprozess wählt.

Bei Gruppengesprächen sollte ein Moderator bestimmt werden, der das Gespräch leitet und die Struktur aufrechterhält

Bei der Zusammensetzung der Teilnehmer des Gruppengesprächs ist es empfehlenswert, dass diese möglichst unterschiedliche Meinungen und Aussagen vertreten. So ergeben sich spannende Diskussionen, welche die gegenläufigen Argumente pointiert gegenüberstellen können.

Sollten sich die Teilnehmer gegenseitig noch nicht kennen, so empfiehlt sich eine Vorstellungsrunde. In jedem Fall empfiehlt sich bei einer Gruppendiskussion eine ausführliche Einleitung, welche den Rahmen für die folgende Diskussion absteckt.

Um bei einer Gruppendiskussion den Rahmen abzustecken, empfiehlt sich eine Einleitung

Vor- und Nachteile von Gruppendiskussionen

Vorteile:
- Entspanntere Atmosphäre, dadurch höheres Engagement
- Größere Themenvielfalt
- Längere Dauer (Meinungen und Hintergründe können besser erfasst werden)
- Unterschiedliche Meinungen
- Kosten- und Zeitersparnis durch Zusammenfassung mehrerer Interviewpartner
- Interaktionen in der Gruppe sorgen für neue Einsichten und stimulieren Erinnerungen

Nachteile:
- Nur begrenzte Zahl an Fragen durch Interviewleiter möglich
- Einzelne Teilnehmer können Gruppe dominieren
- Teilnehmer können sich gegenseitig beeinflussen
- Dynamik des Gesprächs machen Notizen schwierig
- Gefahr von Abschweifungen vom Thema
- Auswertung ist aufwendiger (da z.B. Sprecherzuordnung oft nicht sehr einfach ist)

1.1.5. Fragen entwickeln und strukturieren

Eine gute Struktur eines Fragebogens kann in diesem Leitfaden nur angeschnitten werden. Da dieser für jedes Interview eine zentrale Rolle spielt, ist eine vertiefte Beschäftigung mit diesem Thema empfehlenswert. Hierzu gibt es eine ganze Reihe von einschlägiger Literatur (s. Kapitel 7.3.).

Es wird zwischen unterschiedlich strukturierten Interviews unterschieden

1. Wenig-strukturiertes Interview

- Offene Fragen
- Zusatzfragen, Veränderung des Wortlautes einer Frage und Nachhaken erlaubt
- Wird vor allem zu Beginn einer Untersuchung eingesetzt, um Zusammenhänge zu erkennen
- Auch als Tiefen- oder Intensivinterview bezeichnet
- Geht stark in die Breite und Tiefe, sehr freies Gespräch
- Meist nur rudimentärer Leitfaden und einige Themengruppen
- Hohe Freiheit für Forscher, kann individuell auf Befragten eingehen

Vorteil: Hoher Erkenntnisgewinn, insbesondere Detailwissen, mehr Raum für eigene Formulierung, geht stärker in die Tiefe

Nachteil: Interviewer muss erfahren sein und sich auskennen, Ergebnisse am Ende nicht standardisierbar

2. Teilstrukturiertes Interview

- Fragen sind vorbereitet und formuliert, Reihenfolge bleibt jedoch offen
- Gesprächsleitfaden wird verwendet
- Auch spontane Fragen oder Reaktionen auf Themen möglich

Vorteil: Ergebnisse sind besser vergleichbar

Nachteil: Auch hier Erfahrung des Interviewführers notwendig, Interviewer hat Einfluss auf die Befragung

3. Stark strukturiertes Interview

- Geschlossene Fragen mit mehreren Antwortmöglichkeiten (oder Ja/Nein Auswahl)
- Inhalt, Anzahl, Reihenfolge und Formulierung der Fragen sind genau festgelegt
- Bei mehreren Kategorien keine Überschneidung der Antworten und positive und negative Antwortmöglichkeiten im Gleichgewicht
- Einsatz meist im Endstadium der Untersuchung
- Asymmetrische Kommunikationsstruktur, Interviewer darf nicht auf Nachfragen des Befragten eingehen, sehr weit entfernt von normalem Gespräch
- Methodisches Abarbeiten des Fragebogens
- Inhalt, Anzahl, Reihenfolge und Formulierung der Fragen sind genau festgelegt

Vorteile: Sehr gute Vergleichbarkeit der Ergebnisse, Interviewführer muss nicht geschult sein, das Interview kann auch von jemand anderem geführt werden, hohe Standardisierung und damit gute Vergleichbarkeit der Daten, viele Personen können in geringer Zeit befragt werden

Nachteil: Exakte und sorgfältige Vorgehensweise wichtig, geringer Spielraum für Fehler oder Abweichungen. Eventuell gehen durch vorher festgelegte Antworten Zusatzinformationen verloren.

Nicht nur der Inhalt der Fragen ist wichtig, sondern auch wie diese formuliert werden. Man unterscheidet zwischen offenen („Wie haben Sie sich in der Situation damals gefühlt?") und geschlossenen („Sind Sie dafür oder dagegen?") Fragen. Vor allem bei offenen Fragen ist das Interview als Erhebungsmethode gut geeignet. Wenn man vor allem Antworten für geschlossene Fragen sucht oder reine Fakten abfragen möchte, reicht dafür oft ein Fragebogen, ein Interview ist dann gar nicht nötig.

Offene Fragen eignen sich besonders gut für ein Interview – Geschlossene Fragen können ebenso über einen Fragebogen beantwortet werden

Bei offenen Fragen sind Antworten manchmal schwer vorherzusehen, daher ist ein häufigeres Nachhaken und Präzisieren nötig. Offene Fragen werden meist als W-Frage (erzählungsgenerierende Frage) gestellt, die den Interviewten zu einem längeren Monolog auffordern soll.

W-Fragen animieren den Interviewten dazu, ausführlichere Antworten zu geben

Offene Fragen	Geschlossene Fragen
Der Befragte muss sich erinnern	Der Befragte muss etwas wiedererkennen
Weniger Antworten	Mehr Antworten
Der Befragte macht sich intensiv selbst Gedanken	Mögliche Suggestivwirkung
Höheres Engagement und Interesse des Befragten, da die Situation gesprächsähnlicher ist	Höhere Einheitlichkeit der Antworten, dadurch bessere Vergleichbarkeit
Ziel: Erforschung des Problemfeldes	Ziel: Prüfung der Hypothesen

Insbesondere die Eröffnung des Interviews ist wichtig, da sie den Grundstein für das weitere Gespräch legt. Die Einführung sollte dabei vorab konzipiert und eingeübt werden. Ein gutes Gespräch beginnt dabei mit dem Herstellen einer offenen und freundlichen Atmosphäre, z.B. über Small Talk. Zu Beginn sollte dann die Bereitschaft des Befragten am Interview teilzunehmen gewürdigt und das generelle Thema der Forschung erläutert werden. Ebenfalls sollten gleich am Anfang Hinweise zum Datenschutz gegeben werden (s. Kapitel 1.1.6). Abzufragende Fakten (Alter, Ausbildung etc.) sollten, wenn überhaupt am Ende erhoben oder besser in einen separaten Fragebogen ausgelagert werden.

Eine offene und freundliche Atmosphäre verspricht einen guten Gesprächsbeginn

Die entscheidenden und eventuell kontroversen Fragen sollte man nicht direkt am Anfang stellen, sondern lieber mit unproblematischen Fragen beginnen. Das gibt dem Befragten die Möglichkeit, sich an die Situation zu gewöhnen. Man sollte dabei auch bedenken, dass für den Interviewpartner die (theoretischen) Vorüberlegungen unbekannt sind. Die Fragen sollten daher möglichst einfach und wenig komplex formuliert werden. Hierbei hilft es, Probeinterviews zu führen, bei denen man prüfen kann, wie Fragen ankommen, welche Missverständnisse entstehen und um sich selbst an die Interviewsituation zu gewöhnen.

Fragen sollten möglichst einfach und wenig komplex formuliert werden – Probeinterviews helfen bei der Vorbereitung

Der Fragebogen gibt die Struktur des Interviews vor. Der Interviewer sollte daher sämtliche Fragen daraus auswendig kennen. So ist es ihm auch möglich, abhängig vom Gesprächsverlauf zwischen einzelnen Fragen zu springen und so eine natürliche Gesprächssituation durch die vorgegebene Struktur nicht zu sehr zu beeinträchtigen. Kurze Notizen zu den beantworteten Fragen helfen bei der Formulierung von Folgefragen. Eine komplette Mitschrift während des Gesprächs ist für dieses meist sehr störend, zeitaufwändig und nicht zielführend, dies wird dann ja durch die Transkription erledigt.

Die Fragen sollten auswendig gelernt werden – das verhilft zu einer natürlichen Gesprächssituation

Für eine gute Gesprächsführung gibt es darüber hinaus folgende praktische Tipps:

- Keine suggestiven Fragen stellen („Sind Sie wie ich der Ansicht, dass...?")
- Zurückhaltung und den Befragten reden lassen, dabei auch keine Angst vor Gesprächspausen
- Kein Bewerten oder Kommentieren der Aussagen, aber durch kleinere Signale wie Kopfnicken oder Bestätigungslaute Aufmerksamkeit signalisieren
- Gesprächspartner ausreden lassen
- Leitfaden nicht chronologisch abarbeiten, sondern auf natürlichen Verlauf des Gesprächs achten

Es macht darüber hinaus Sinn, den Leitfaden bzw. zumindest dessen Fragen vorab dem Interviewpartner zur Verfügung zu stellen, damit sich dieser auf die Fragen vorbereiten kann.

Typische Anfängerfehler

- Zu häufiges Nachfragen und dadurch dominierender Kommunikationsstil
- Zu zögerliches Nachfragen
- Suggestive Fragen und Vorgaben
- Zu viele bewertende oder kommentierende Aussagen
- Probleme damit, den anderen reden zu lassen und zuzuhören
- Dogmatisches Festhalten am Gesprächsleitfaden
- Fragen werden doppelt gestellt

1.1.6. Interviews und Datenschutz

Spätestens durch die Diskussionen zur europäischen DSGVO hat das Thema Datenschutz eine erhöhte Bedeutung und Aufmerksamkeit erhalten.

Das Wichtigste ist hierbei, dass der Befragte transparent und vollständig über den Sinn und Zweck der Befragung sowie über die weitere Verwendung der Daten informiert wird. Diese Information sollte im besten Fall schriftlich fixiert und übergeben werden. Die Zustimmung des Interviewpartners sollte vor dem Interview eingeholt werden, da sonst die Gefahr besteht, dass die Ergebnisse nicht genutzt werden dürfen.

Bereits vor dem Interview sollte der Interviewte über den Zweck informiert werden und eine Zustimmung für die Weiterverarbeitung eingeholt werden

Eine Datenschutzvereinbarung sollte dabei folgende Informationen enthalten:

- Name des Befragten
- Angaben zum Interviewführer
- Zweck der Arbeit, beabsichtigte Verwendung der Daten
- Einverständnis zur Nutzung der (ggf. anonymisierten) Daten zum beabsichtigten Zweck
- Art der Anonymisierung der Daten und Sorgfalt bezüglich Datensicherheit
- Art der Aufzeichnung
- Art und Weise der Weitergabe der Daten (z.B. an Universität)
- Ort und Dauer der Speicherung

Der Gesprächspartner sollte dem Umgang mit diesen Daten explizit zustimmen, entweder schriftlich per Unterschrift oder mündlich zu Beginn der Aufzeichnung.

1.2 Für die Aufnahme: TechnikenundToolsProjektes

Neben der Vorbereitung und Planung eines Interviews ist das richtige technische Equipment ausschlaggebend für den Erfolg. Insbesondere für die folgende inhaltliche Auswertung und Transkription ist eine möglichst störungsfreie Aufzeichnung des Gesprächs unerlässlich. Dementsprechend sind Fehler in diesem Bereich besonders ärgerlich, da durch sie bereits geleistete Arbeit unbrauchbar werden kann. Um dies zu verhindern, werden in diesem Kapitel die Tools für ein gelungenes Interview ausführlich erläutert.

Grundsätzlich ist es nicht zwingend notwendig, ein Interview aufzunehmen. Alternativ bieten sich Notizen an, die man während des Gesprächs anfertigt und auf deren Basis später eine Analyse durchgeführt wird. Allerdings ist eine Aufnahme mit anschließender Transkription wesentlich präziser. Darüber hinaus ermöglicht dieser Prozess dem Interviewer, sich voll und ganz auf das Gespräch zu konzentrieren. Dadurch entsteht eine natürlichere Unterhaltung, wohingegen ständiges Mitschreiben den Befragten ablenken und verunsichern kann.

Eine Aufnahme ist nicht zwingend notwendig – Notizen sind eine Alternative. Allerdings können diese vom Interview selbst ablenken. Bei einer Aufnahme ist der Interviewer konzentrierter und es entsteht eine natürliche Unterhaltung

Ist die Entscheidung für die Aufnahme des Gespräches gefallen, steht als nächstes die Entscheidung für ein geeignetes Aufnahmetool an. Um die anschließende Transkription zu erleichtern und somit zu beschleunigen, ist die Audioqualität der entscheidende Faktor für die Wahl.

1.2.1. Diktiergeräte und Mikrofone

Bei der Aufnahme mithilfe eines Diktiergerätes gibt es grundsätzlich zwei Varianten: ein digitales Diktiergerät oder eines mit Kassette oder Mini-Disc. Hier ist ersteres zu empfehlen, da der Akku wesentlich länger hält und die Übertragung der Aufnahmen auf den PC einfacher ist. Alternativ kann für die Aufnahme auch eine Handy-App genutzt werden. Was dabei beachtet werden sollte und welche Apps geeignet sind, wird im anschließenden Kapitel thematisiert.

Das digitale Diktiergerät ist dem analogen vorzuziehen – der Akku hält länger und die Übertragung auf den PC einfacher

Diktiergeräte mit Kassetten oder Mini-Discs sind ein mittlerweile etwas in die Tage gekommenes Verfahren, was aber manchmal trotzdem noch angewendet wird. Einige der älteren Geräte mit dieser Technik verbrauchen allerdings viel Strom und sind deshalb auf eine externe Stromversorgung angewiesen. Es besteht so bei diesen immer die Gefahr, dass die Aufnahme gestoppt wird, wenn die Stromversorgung unterbrochen wird. Analoge Diktiergeräte sind nicht mehr zeitgemäß und den digitalen Diktiergeräten qualitativ stark unterlegen.

Jedes digitale Diktiergerät hat sein eigenes Klangbild und somit individuelle Vor- und Nachteile; das eine beste Gerät gibt es dabei nicht. Man sollte beim Kauf allerdings nicht sparen, sondern sich für ein hochwertiges Diktiergerät entscheiden. Wichtig sind dabei Faktoren wie die Batterie-, bzw. Akkulaufzeit (vor allem wenn am Interviewort kein externer Stromanschluss vorliegt), eine gute Bedienbarkeit, das Vorhandensein aller nötigen Funktionen und insgesamt eine hohe Zuverlässigkeit. Einzelne Geräte sollten diesbezüglich miteinander verglichen werden.

Wichtige Faktoren bei der Auswahl von Diktiergeräten sind: Batterie-Akkulaufzeit, Bedienbarkeit und Vorhandensein der nötigen Funktionen

Eine weitere sinnvolle Funktion, die vorhanden sein sollte, ist die automatische Aussteuerung bzw. das sogenannte „Pegeln". Damit ist gemeint, dass die Aufnahmelautstärke während des Gesprächs automatisch angepasst wird.

Darüber hinaus kann auch mitgeliefertes Zubehör eine Rolle bei der Kaufentscheidung spielen. Ein externes Mikrofon ist beispielsweise immer von Interesse. Die meisten aktuellen Geräte haben zwar ausreichend gute, interne Mikrofone verbaut, sodass für Interviews unter üblichen Bedingungen (ruhige Umgebung, z.B. in Innenräumen) kein zusätzliches Mikrofon benötigt wird. Dennoch kann ein zusätzliches externes Mikrofon

Für Aufnahmen im Freien empfiehlt sich ein externes Mikrofon und ein Fellwindschutz – So lassen sich Störgeräusche in der Aufnahme vermeiden.

in manchen Situationen sinnvoll sein, z.B. wenn das Interview im Freien stattfindet oder wenn eine besonders hohe Audioqualität erreicht werden soll. Am besten eignet sich ein 3,5 mm Anschluss, da dieser mit allen gängigen Mikrofonen kompatibel ist. Darüber hinaus ist ein Fellwindschutz bei Außenaufnahmen unerlässlich, um Störgeräusche durch Wind zu minimieren.

Ein weiterer Spezialfall sind Gruppeninterviews, da hier deutlich höhere Anforderungen an das Diktiergerät gestellt werden (s. Kapitel 1.1.4.). Um die einzelnen Sprecher später gut unterscheiden und zuordnen zu können, braucht man ein Mikrofon mit ausreichendem Raumklang. Bei Gruppen ist zudem eher eine klare Betonung der Höhen und die Minimierung von Hintergrundrauschen wichtig, während bei Einzelsprechern ein tieferer Klang von Vorteil ist. Beim Kauf des Diktiergerätes sollte man also im Vorhinein eine grobe Vorstellung davon haben, welche Art von Gespräch geführt werden soll.

Das sollte beim Kauf bedacht werden: Je nachdem ob Einzel- oder Gruppeninterviews geführt werden, unterscheiden sich die Anforderungen.

Beim Kauf eines digitalen Aufnahmegerätes sollte außerdem darauf geachtet werden, dass die Datei am Ende in einem Dateiformat vorliegt, mit dem man weiterarbeiten kann. Bei längeren oder vielen Interviews, die hintereinander geführt werden sollen, spielt zudem die Speicherkapazität eine Rolle. Damit die Aufnahme auch über einen längeren Zeitraum, z.B. beim Transkribieren, angenehm anzuhören ist, sollte das Diktiergerät eine helle, detailreiche Aufnahme mit möglichst wenig Eigenrausch und Bass liefern.

Besonders angenehm anzuhören sind helle detailreiche Aufnahmen mit wenig Eigenrausch und Bass – das hilft beim Transkribieren

Bei besonders relevanten Interviewpartnern empfiehlt es sich, die Aufnahme mit zwei Geräten parallel durchzuführen. Das Back-up-Gerät kann dabei auch eine günstige Alternative, wie z.B. das Smartphone sein. Was man bei der Aufnahme mit dem Smartphone beachten muss und welche Apps dafür geeignet sind, wird im nächsten Kapitel näher erläutert.

DIGITALES DIKTIERGERÄT 1536 KBPS VON TSCHISEN

Preis: 26,99€ (bei Amazon: https://amzn.to/2IbmWJ2, Stand 12.11.2019)

Unterstützte Dateiformate: MP3, WAV, PCM

Akkulaufzeit: 12 Stunden Aufnahme

Speicher: 8GB

Lieferumfang: Diktiergerät, USB Kabel, Benutzerhandbuch, Kurzanleitung

Das digitale Diktiergerät von Tschisen überzeugt auf den ersten Blick durch sein modernes und hochwertiges Design sowie seine kompakte Größe, welche ungefähr der eines Feuerzeugs entspricht. Das OLED-Display ist hochwertig verarbeitet. Auf dem Display werden alle wichtigen Informationen übersichtlich dargestellt und die Tasten sind selbsterklärend. Dadurch ist eine einfache Bedienbarkeit ohne lange Einarbeitungszeit garantiert.

Die zwei eingebauten Mikrofone erlauben eine dreidimensionale Aufzeichnung mit einer Reichweite von bis zu 10 Metern. Trotz intelligenter Audio-Rauschunterdrückung gibt es selbst bei guten Bedingungen leider ein leichtes Rauschen. Dafür überzeugt die Audioqualität bei erschwerten Aufnahmebedingungen.

Die Dateiübertragung an den PC kann problemlos per USB-Anschluss erfolgen, das Gerät wird als Mass Storage Device erkannt.

Grundig Digta 7 Starter Kit (mit DigtaSoft One)

Preis: z.B. 534,00€ (bei Amazon: https://amzn.to/35Cw2Y, Stand 12.11.2019)

Unterstützte Dateiformate: DSS, DSS Pro, WAV und MP3

Akkulaufzeit: 25 Std.

Speicher: 2GB

Lieferumfang: Diktiergerät Digta 7, Netzteil 477, Akkupack 962, USB-Kabel, Etui, Handschlaufe, Fußschalter 540 USB, Swingphone 568 Jack, DVD-ROM mit PC-Software DigtaSoft One inkl. Lizenz für einen Nutzer

Bei dem Grundig Digta 7 Starter Kit handelt es sich um ein komplettes Einsteigerset für digitale Diktate. Das bedeutet, dass zusätzlich zum eigentlichen Diktiergerät auch ein Fußschalter, Kopfhörer und eine geeignete Software enthalten sind. Wenn man sehr viel Material hat uns sich dazu entscheidet, die Audioaufnahmen selbst zu transkribieren, ist der Kauf dieses Sets sinnvoll.

Nach einer anfänglich längeren Einarbeitungszeit geht die Bedienung gut von der Hand. Speziell am Anfang hilft der integrierte vereinfachte Modus für Einsteiger. Das hintergrundbeleuchtete LCD-Display ist auch bei Sonneneinstrahlung gut lesbar. Insgesamt ist die Verarbeitung jedoch nicht so hochwertig wie bei dem Gerät von Tschisen.

Die Tonqualität ist bei Innenaufnahmen zwar als sehr gut einzustufen, doch bei Außenaufnahmen schneidet das Konkurrenzprodukt von Tschisen besser ab. Insbesondere Wind macht dem Gerät Probleme und führt zu einer starken Verschlechterung der Tonqualität.

Der qualitative Unterschied zwischen Diktiergeräten und Apps ist kaum wahrnehmbar, weshalb sich die Anschaffung eines Diktiergerätes selten lohnt. Sollte kein Smartphone vorhanden sein, empfehlen wir aufgrund des wesentlich besseren Preis-Leistungs-Verhältnisses den Kauf des Gerätes von Tschisen.

Die Anschaffung eines Diktiergerätes ist nicht zwingend erforderlich – Handy Apps sind häufig ausreichend

1.2.2. Aufnehmen mit dem Handy

Grundsätzlich spricht erst einmal nichts dagegen, das eigene Smartphone für die Aufnahme zu verwenden. Insbesondere im Rahmen von Bachelor- oder Masterarbeiten ist dies eine einfache und kostengünstige Möglichkeit. In den meisten Fällen ist die Qualität bei einem geeigneten Interviewort ausreichend, da in den heutigen Smartphones i.d.R. schon ein qualitativ hochwertiges Mikrofon eingebaut ist.

Handy-Apps sind eine kostengünstige Alternative – die Qualität ist dabei meist vollkommen ausreichend

Beim Aufnehmen des Interviews sollte man jedoch Folgendes beachten:

- Das Smartphone sollte während des Interviews in den Flugmodus geschaltet werden, damit keine eingehenden Anrufe oder Nachrichten das Gespräch, bzw. die Aufnahme stören können.
- Bereits bei der Vorbereitung des Gespräches ist zu prüfen, wo genau am Smartphone sich das Mikrofon befindet, damit dieses auf den Gesprächspartner hin ausgerichtet werden kann.
- Es sollte überprüft werden, ob auf dem Smartphone noch genüg Speicherkapazität frei ist, um das ganze Gespräch aufzuzeichnen. Falls der Speicherplatz nicht ausreicht, kann dieser ggf. durch eine SD-Speicherkarte erweitert werden.

Zur Aufnahme von Audios hat jedes Smartphone, unabhängig vom Betriebssystem (Android oder iOS), eine vorinstallierte Memo-, bzw. Diktier-App. Diese kann ganz einfach über das App-Menü aufgerufen und genutzt werden, allerdings bieten diese meist keine Zusatzfunktion. Es ist daher zu empfehlen, eine gesonderte App zu benutzen, die durch verschiedene Zusatzfunktionen die Qualität der Aufnahmen erhöhen kann.

In den meisten Smartphones sind Memo- oder Diktierapps vorinstalliert – allerdings meist ohne Zusatzfunktionen

Da es eine Vielzahl von Diktier-Apps auf dem Markt gibt, haben wir verschiedene, sowohl für iOS als auch für Android getestet, um die Suche nach der passenden App zu erleichtern. Die besten stellen wir nachfolgend vor.

Für iPhone/ iOS empfehlen wir:

Voice Recorder Pro (iOS)

- Kostenlos (für 7,99€ werbefrei, im App Store, Stand 12.11.2019)
- Unterstützte Dateiformate: MP3, MP4, WAV

Die Voice Recorder Pro App ist optisch an einen alten Kassettenrekorder angelehnt und bietet einige nützliche Features. So zeigt eine Nadel stets den Lautstärkepegel an, wodurch man während des Interviews mit einem Blick die Laustärke überprüfen kann. Da zudem die Lautstärke des Mikrofons einstellbar ist, können somit während des Interviews Anpassungen vorgenommen werden.

Darüber hinaus lässt sich die Aufnahme unmittelbar und problemlos per E-Mail verschicken oder bei einem der vielen verschiedenen Cloud-Anbieter, wie z.B. Dropbox, hochladen. Über Bluetooth oder WLAN ist die Übertragung direkt an den PC möglich. Zusätzlich lassen sich direkt in der App Notizen und Bilder zu der Aufnahme hinzufügen, falls man während oder nach dem Interview Gedankengänge und Ideen festhalten möchte. Die Aufnahme kann direkt in der App gekürzt und mit einigen Effekten bearbeitet werden. Außerdem kann beim Abspielen die Wiedergabegeschwindigkeit angepasst werden. Einziges Manko: die Bedienoberfläche der App ist bisher nur in englischer Version verfügbar.

Recordium (iOS)

- Kostenlos (Vollversion für 8,99€, im App Store, Stand 12.11.2019)
- Unterstützte Dateiformate: MP4, WAV, CAF, AIFF
- spezielles MP4 Kompressionsformat (1 Stunde Audio mit weniger als 30MB)

Der Preis für die Vollversion der App Recordium ist mit 8,99€ im Vergleich zu anderen Apps zwar relativ hoch, dafür bietet sie allerdings auch eine umfangreiche Auswahl an Funktionen, die bei keiner anderen App vorhanden sind.

So kann man besondere Highlights des Gespräches schon während des Interviews markieren, um sie später mühelos wiederzufinden. Außerdem ist man, im Gegensatz zu Voice Recorder Pro, nicht darauf angewiesen, sein Smartphone in den Flugmodus umzustellen, da die App über einen automatischen Störungsschutz vor Anrufen verfügt. Darüber hinaus werden Gesprächspausen bei der Aufnahme automatisch übersprungen, was eine große Arbeitserleichterung bei der Transkription und Auswertung darstellt.

Die Aufnahmen werden automatisiert und kontinuierlich gespeichert, sodass nichts verloren gehen kann. Sollte einer der Sprecher einmal weiter vom Mikrofon entfernt sein, wie es z.B. häufig bei einer Gruppendiskussion der Fall ist, dann bietet Recordium dafür eine Audioverstärkungsfunktion an. Grundsätzliche Funktionen, wie das Hinzufügen von Notizen, Schlagwörtern oder Fotos und das Schneiden der Aufnahmen direkt in der App, sind selbstverständlich ebenfalls enthalten.

Trotz des hohen Preises empfehlen wir für das iPhone folglich die App Recordium, da sie einen sehr guten Funktionsumfang bietet. Für kleinere Projekte mit gut kontrollierbaren Umgebungsbedingungen reichen günstigere Varianten jedoch ebenfalls aus.

Für Android empfehlen wir:

STIMMREKORDER PLUS (ANDROID)

- Kostenlos oder als Pro Version (für 3,99€, im App Store, Stand 12.11.2019)
- Unterstützte Dateiformate: PCM, AAC, AMR

Die kostenlose Version dieser App bietet keinen besonders großen Funktionsumfang, weshalb wir hier die Pro Version empfehlen. Für 3,99€ erhält man zusätzlich zu den Standardfunktionen die Verwendung von Bluetooth Mikrofonen, die Erhöhung der Lautstärke zur Verstärkung des Mikrofons und das Überspringen von geräuschlosen Abschnitten.

SMART RECORDER (ANDROID)

- Kostenlos (für 1,49€ werbefrei, im App Store, Stand 12.11.2019)
- Unterstützte Dateiformate: WAV

Die Smart Recorder App ist einfach zu bedienen und größtenteils selbsterklärend, bietet allerdings nur sehr begrenzte Funktionen. Das Überspringen von Gesprächspausen befindet sich noch in der Beta-Phase, funktioniert allerdings schon in den meisten Fällen. Als Speicherort kann aktuell nur der interne Speicher des Smartphones ausgewählt werden, d.h. SD-Karten werden nicht unterstützt. Für die App spricht hierbei, dass die Aufnahmen eine gute Audioqualität besitzen; Selbst unter schlechteren Bedingungen wie z.B. bei Außenaufnahmen gibt es nur ein leichtes Rauschen.

HI-Q MP3 RECORDER (ANDROID)

- Kostenlose Testversion (10 Minuten) oder Pro Version für 3,79€, im App Store, Stand 12.11.2019
- Unterstützte Dateiformate: WAV-, OGG-, M4A- und FLAC

Die Hi-Q MP3 Recorder App bietet überaus viele Einstellungen, u.a. kann sogar eine Auswahl zwischen dem sensibleren Front-Mikrofon oder dem klareren, rückseitigen Mikrofon getroffen werden (Verfügbarkeit abhängig vom Gerät). Mithilfe der Widget Funktion können Aufnahmen direkt vom Homescreen gestartet und gestoppt werden. Darüber hinaus lassen sich die Lautstärke und zahlreiche weitere Qualitätsmerkmale einstellen. Die Aufnahmen lassen sich automatisch in der Dropbox oder auf Google Drive speichern, sodass ein Verlust der Aufnahme verhindert wird. Beim Abspielen gibt es außerdem die praktische Loop Funktion, um einzelne Stellen mehrfach hintereinander zu hören. Letztlich enthält die App auch die Option, 10 Sekunden in der Aufnahme vor- oder zurückzuspringen, was sich z.B. für die Transkription als überaus nützlich erweist.

Insgesamt bietet die Hi-Q MP3 Recorder App die meisten Funktionen. Für einfache Anwendungsbereiche ist jedoch auch die kostenlose Smart Recorder App geeignet.

1.2.3. Video- oder Audioaufnahme?

Die Videoaufzeichnung eines Interviews kann in bestimmten Situationen sinnvoll sein, wenn neben dem Gesagten auch Informationen über visuelle Komponenten, wie z.B. Mimik oder Gestik erfasst und analysiert werden sollen. Diese sind insbesondere bei Gruppendiskussionen relevant, da nonverbale Signale Hinweise auf existierende Gruppendynamiken geben können. Hierzu zählen u.a. Blickkontakte, leichte Berührungen oder ein Senken des Blickes. Hinzu kommt, dass mit einer Videoaufnahme die Sprecherzuordnung erleichtert wird. Vor allem bei Gruppengesprächen kann dies ohne eine Videoaufnahme zur Herausforderung werden.

Videoaufnahmen eignen sich besonders bei Gruppendiskussionen – nonverbales Handeln kann so erfasst und analysiert werden

Für Videoaufnahmen ist der Aufwand höher als bei reinen Audioaufzeichnungen, da bei der Raumauswahl zusätzliche visuelle Faktoren zu beachten sind. Der womöglich wichtigste Faktor ist hierbei die Beleuchtung. Mit ein paar Tipps und etwas Vorbereitung lassen sich mit einfachen Mitteln gute Ergebnisse erzielen. Beispielsweise sollte man das bereits im Raum vorhandene Licht nutzen, indem man den Befragten immer mit dem Gesicht zum Licht platziert. Hierzu können nicht nur die vorhandenen Lampen genutzt werden, sondern auch passives Licht durch

Einer der wichtigsten visuellen Faktoren bei Videoaufnahmen ist die Beleuchtung – dabei sollte vorhandenes Licht genutzt werden (Lampen, Sonne etc.)

Sonnenstrahlen, sofern ein Fenster vorhanden ist. Das Licht sollte für ein gutes Ergebnis nicht zu hart sein. Ein preiswerter Trick ist das Abmildern des Lichtes durch Butterbrotpapier, bei dem man allerdings unbedingt auf die Hitzeentwicklung achten muss. Zudem sind kleine Klemmleuchten eine günstige Alternative, um das Licht zu verbessern.

Ein Grundwissen über die filmische Beleuchtung erweist sich oft als hilfreich. Die Grundregel geht dabei von einer 3-Punkt-Beleuchtung mit Spitzlicht, Führungslicht und Fülllicht aus.

Abgesehen von der Beleuchtung gibt es aber noch weitere Faktoren, die für eine qualitativ hochwertige Videoaufnahme ausschlaggebend sind. Zunächst einmal kann ein Stativ notwendig sein, um die Kamera an der geeigneten Position und auf einer sinnvollen Höhe zu fixieren. Zudem ist ein externes Mikrofon bei Kameras Pflicht, da die Soundqualität ansonsten nicht ausreichend ist. Alternativ kann der Ton auch parallel noch mit einem Diktiergerät aufgezeichnet werden. Um alle nonverbalen Signale gut erfassen zu können, sollte für den Befragten die klassische Interviewposition gewählt werden. Dies bedeutet, dass die Person an der Schnittstelle von zwei Dritteln im Bild platziert wird, mit der Blickrichtung immer in die offene Bildhälfte. Dadurch ist der Befragte stets gut zu erkennen und das Gesprochene wirkt natürlicher.

Bei der Videoaufnahme sollte unbedingt ein externes Mikrofon vorhanden sein

Trotz der genannten Vorteile einer Videoaufzeichnung, gibt es auch einige Nachteile. Beispielsweise ist es viel schwieriger, eine Kamera während des Interviews zu ignorieren als ein kleines Diktiergerät oder Smartphone, das beiläufig auf dem Tisch liegt. Die Präsenz einer Kamera kann die Offenheit des Befragten hemmen und das Interview somit negativ beeinflussen. Zwar lässt sich dieser Effekt ein wenig abmildern, indem man die Kamera weiter entfernt aufstellt und auf die Zoom-Funktion zurückgreift, doch diese Methode kann zu Qualitätseinbußen führen. Nicht ohne Grund teilen viele Forscher die Ansicht, dass das weniger auffällige Gerät, also das Diktiergerät, bei der Aufzeichnung einer Interviewsituation bevorzugt werden sollte.

Nachteil an Videoaufzeichnungen: Präsenz einer Kamera kann leicht ablenken oder auch hemmen

Ein weiterer Vorteil einer reinen Audioaufzeichnung besteht darin, dass Audiodateien deutlich weniger speicherintensiv sind. Bei Videoaufzeichnungen kann dies insbesondere bei langen oder bei einer Vielzahl von Interviews zum Problem werden. Demzufolge sind unter Umständen auch die Nachbearbeitung und die Transkription aufwändiger.

Abschließend lässt sich festhalten, dass von einem methodischen Standpunkt aus Videoaufzeichnungen dann relevant sind, wenn keine formulierten, konkreten Hypothesen getestet werden sollen, sondern wenn es um die Erforschung von unbekannten Zusammenhängen geht, wobei sich die Forschungsfragen erst während der Untersuchung ergeben. In solchen Fällen ermöglicht ein Video aufgrund seiner Multicodalität neue Perspektiven.

Die Wahl des Aufzeichnungsmediums hängt somit vom Forschungsansatz ab und sollte daher im individuellen Fall beantwortet werden. Für die meisten Zwecke reicht eine Audioaufzeichnung vollkommen aus und ist aufgrund des geringeren Aufwandes und der leichten Handhabung praktikabler und empfehlenswerter. Für Gruppengespräche ist eine Videoaufnahme jedoch von Vorteil, insbesondere wenn eine korrekte Sprecherzuordnung benötigt wird.

> Videoaufzeichnungen sind dann sinnvoll, wenn keine konkrete Hypothese getestet wird, sondern wenn es um die Erforschung von unbekannten Zusammenhängen geht – Die Wahl des Aufnahmegerätes hängt somit auch vom Forschungsansatz ab

2 Vom Aufnehmen zum Abtippen:

2.1. Vorbereitung der Transkription

Nachdem die Interviews geführt und aufgezeichnet wurden, ob als Video- oder Audiodatei, benötigt man für die anschließende Auswertung einen nicht unerheblichen Zwischenschritt: die Transkription. Damit ist ganz allgemein die Übertragung der Sprache aus den Audio- oder Videodateien in die Schriftform gemeint. Dieser Schritt sollte nicht geringgeschätzt werden, da ein Transkript die Voraussetzung für eine hochwertige und detaillierte Analyse darstellt und sich ohne Fachkenntnisse als sehr aufwändig und zeitintensiv darstellen kann.

Dementsprechend sind bei der Transkription einige Punkte zu beachten. Diese werden nachfolgend näher erläutert.

Mit der Transkription werden die mündlich geführten Interviews in Schriftform übertragen – das ist Voraussetzung für Dokumentation und Analyse

2.2. Dateibearbeitung

Der Ausgangspunkt einer jeden Transkription ist immer die Aufzeichnungsdatei des Interviews. Folglich ist es besonders wichtig, diese am besten direkt nach dem Interview extern zu sichern und entsprechend vorzubereiten. Dazu zählt u.a. die Konvertierung in ein geeignetes Format. Einige Transkriptions- oder Analyseverfahren erfordern außerdem spezielle Formatierungen der Dokumente (s. dazu Kapitel 3.3.3).

Für eine Transkription müssen Dateien eventuell vorbereitet werden – das kann eine Konvertierung der Aufnahme oder eine spezielle Formatierung sein

2.2.1. Dateiformate und Konvertierung

Um eine Audiodatei entsprechend weiterverwenden zu können, sollte man immer auch auf das entsprechende Dateiformat achten. Nicht alle Programme unterstützen jedes Format. Die einzelnen Formate haben außerdem unterschiedliche Vor- und Nachteile.

Eines der bekanntesten Audioformate ist MP3. Es zeichnet sich durch sehr hohe Qualität bei gleichzeitig niedrigem Speicherbedarf aus. Zudem kann es von einem Großteil der Programme und Systeme erkannt und verarbeitet werden. Folglich sollte wenn möglich immer das MP3-Format gewählt werden.

Das MP3-Format sollte bevorzugt gewählt werden – es zeichnet sich durch eine sehr hohe Qualität bei niedrigem Speicherbedarf aus

Eine Alternative dazu ist das WAV-Format, das eine etwas höhere Qualität bietet, dafür aber einen enorm großen Speicherbedarf hat. Man sollte sich nur für WAV entscheiden, wenn die Dateien nicht übertragen werden sollen.

Alternativ bietet sich das WMA-Audioformat an, welches ebenfalls eine hohe Qualität bietet. Dieses Format hat den Vorteil, dass die Dateigröße vergleichsweise klein ausfällt. Allerdings wird dieses Format größtenteils nur von Windows Betriebssystemen unterstützt, was die weitere Verwendung limitieren kann.

Das WAV-Format hat einen enorm großen Speicherbedarf – nur wenn eine hohe Audioqualität wichtig ist, sollte es gewählt werden. Dafür eignet sich auch das WMA-Format bei vergleichsweise weniger Speicherbedarf

Die Alternative der Microsoft-Konkurrenz Apple ist das M4A-Format. Dieses wird entweder im AAC Verfahren oder durch das Apple Lossless Verfahren kodiert. Ersteres führt zu einer verlustbehafteten Umwandlung und letzteres sorgt dafür, dass die ursprüngliche Audioqualität erhalten bleibt. Das AAC Format bietet eine vergleichsweise kleine Dateigröße bei hoher Qualität. Nachteil an Apples Formaten ist, dass viele andere Hersteller keine Unterstützungsfunktion bieten.

M4A ist Apples alternatives Format – dieses bietet eine vergleichsweise kleine Dateigröße bei hoher Qualität. Nachteil: Die Formate werden von vielen Programmen nicht unterstützt

Darüber hinaus lassen sich Audiodateien natürlich auch auf einem Stick oder einer CD speichern, wobei der Speicherplatz allerdings limitiert ist. Für die Weiterverarbeitung der Dateien, z.B. in Form einer Transkription, müssen die Daten außerdem umständlich auf den PC kopiert werden.

Sollten die Audiodateien trotzdem in diesem Format vorliegen, bietet die untenstehende Infobox eine Anleitung für die Übertragung auf den Computer:

CDs kopieren/konvertieren mit Windows Media Player

CDs kopieren / konvertieren mit Windows Media Player
1. Musik-CD in CD- Laufwerk des PCs einlegen → Dateien von der CD auf den PC kopieren
2. Ein Programm (z.B. VLC Media Player, iTunes, …) öffnet sich
3. Programm schließen, gleichzeitig Windows-Taste und „R" drücken → Fenster mit „Ausführen" öffnet sich
4. In dieses Fenster „wmplayer.exe" eingeben und „ok" klicken
5. Windows Media Player öffnet sich und die CD inklusive Titel wird angezeigt
6. Vor jedem Titel befindet sich ein Kästchen mit einem Haken → Häkchen bei den Titeln entfernen, die nicht kopiert werden sollen
7. In der Menüleiste auf „CD kopieren" klicken (bei üblichen CDs kann dies bis zu zehn Minuten dauern)
8. Die CD mit den kopierten Titeln befindet sich nun im Ordner „Musik"
9. Die Dateien liegen im WMA Format vor → WMA Format der Dateien kann bei Bedarf konvertiert werden (s. unten)

Vorgehen bei einem MacBook oder iMac (Apple):

Konvertierung der Dateien über iTunes
(Der Audiotitel muss in der iTunes Mediathek vorhanden sein)

Vorgehen bei einem Macbook oder iMac (Apple)
• Konvertierung der Dateien über iTunes (Der Audiotitel muss in der iTunes Mediathek vorhanden sein)
• Einstellungen → Allgemein → Importeinstellungen → Importieren mit → Codierungsformat wählen → einen oder mehrere Musiktitel auswählen → Ablage → Konvertieren → [Format]-Version erstellen

Abschließend ist es wichtig zu beachten, dass sich alle Formate in das gewünschte Format konvertieren lassen. Dies kann u.a. online über den Browser ausgeführt werden, indem man einen Service nutzt wie: www.online-audio-converter.com/de/

Bei vielen Konvertierungsvorgängen, wenn ein größerer Funktionsumfang gewünscht wird oder bei Datenschutzbedenken (bei o.g. Anbieter ist ein Hochladen der Dateien auf die Server des Anbieters notwendig), empfiehlt sich die Verwendung eines speziellen Konvertierungsprogrammes. Dazu zählt z.B. der Free Audio Converter. Die Testversion ist online als kostenloser Download verfügbar. Ebenfalls als kostenlose Demoversion empfehlenswert ist der AVS Audio Converter. Als hochwertige - allerdings nicht kostenlose - Alternative bietet sich der Switch Audio Converter an. Für die Nutzung des Programms fallen einmalige Lizenzkosten in Höhe von 17€ an (Stand 12.11.2019), für die man allerdings viele Funktionen und Kompatibilität mit nahezu allen Audioformaten bekommt.

Für die Konvertierung empfehlen sich spezielle Programme – kostenlose Programme sind der Free Audio Converter und der AVS Audio Converter, besonders viele Funktionen bietet der kostenpflichtige Switch Audio Converter

2.2.2. Aufnahmen auf den PC übertragen

Nach der Aufzeichnung muss die Aufnahme auf den PC übertragen werden, damit diese weiterbearbeitet werden kann. Hierbei treten häufig Fragen und Schwierigkeiten auf. Das Vorgehen hängt dabei natürlich immer vom jeweiligen Gerät ab, mit dem die Aufzeichnung aufgenommen wurde.

Minidisc-Rekorder oder Tonband-Kassette:

Bei diesen beiden Geräten ist die Übertragung der Dateien auf den PC etwas kompliziert, da es sich um analoge Geräte handelt. Nichtsdestotrotz ist die Digitalisierung der Aufnahmen mit etwas Aufwand möglich:

1. Minidisc-Rekorder bzw. Tonbandgerät über Audiokabel mit dem PC verbinden (Mikrofoneingang oder Line-In-Eingang)
2. Das entsprechende Programm starten, z.B. Audiograbber oder Audacity
3. Die notwendigen Einstellungen vornehmen (Audacity: Bearbeiten – Einstellungen – Geräte – Aufnahmen)
4. Den Rekorder starten und gleichzeitig auf dem PC aufnehmen (durch Drücken von „Aufnahme"). Bei schlechter Audioqualität ggf. Soundeinstellungen am Rekorder oder bei Windows anpassen
5. Datei speichern bzw. exportieren

Digitale Aufnahmegeräte:

Bei digitalen Geräten ist die Übertragung der Aufnahmen deutlich einfacher:

1. Den Rekorder mit Hilfe des USB-Kabels an den PC schließen
2. Die Datei via Plug and Play auf den PC kopieren (das Diktiergerät erscheint im System als normaler Wechseldatenträger, genauso wie z.B. ein USB-Stick)

Bei manchen Geräten besteht auch die Option, die Aufnahme direkt vom Gerät aus per E-Mail zu senden oder an die Cloud zu transferieren. Das vereinfacht die Übertragung zusätzlich.

Mobilgeräte (Smartphone oder Tablet):

Bei Mobilgeräten ist das Vorgehen ähnlich wie bei den digitalen Aufnahmegeräten.

Einfach das Mobilgerät über USB an den PC anschließen

Kopieren der Dateien auf den PC (Das Mobilgerät erscheint als Wechseldatenträger, hier ggf. die Bedienungsanleitung des Gerätes beachten)

Alternativ dazu kann auch eine kabellose Übertragung der Datei erfolgen. Aufgrund der Dateigröße ist das Versenden per E-Mail bei längeren Aufnahmen meist nicht möglich. Stattdessen können kostenlose Filehosting Dienste, wie z.B. WeTransfer genutzt werden. Dazu einfach die App, die sowohl für Android als auch für iOS verfügbar ist, auf dem Smartphone installieren, die Datei hochladen und schließlich am PC über den Browser wieder herunterladen, indem man auf den Link aus der E-Mail klickt. Eventuelle Datenschutzbedenken müssen hierbei beachtet werden, da die Dateien auf den Servern von WeTransfer zwischengespeichert werden.

Für die Übertragung von größeren Dateien kann auf Fileshooting Dienste wie WeTransfer oder Cloudservices wie Dropbox, Google Drive oder OneDrive zurückgegriffen werden

Dasselbe Vorgehen lässt sich auch mit den verschiedenen Cloud-Services, wie z.B. Dropbox, Google Drive oder OneDrive von Microsoft nutzen. Dazu können die entsprechenden Apps ebenfalls auf dem Smartphone installiert werden.

Wenn ein Zwischenspeichern der Dateien auf externen Servern nicht erwünscht ist, dann gibt es mittlerweile auch einige Apps, die einen kabellosen Dateitransfer zwischen PC und Smartphone über WLAN ermöglichen, z.B. WiFi File Transfer. Hierbei werden keine Daten auf fremden Servern gespeichert, doch der PC und das Smartphone müssen mit demselben WLAN verbunden sein.

Wifi File Transfer ermöglicht eine Übertragung via WLAN – Vorteil: Dabei müssen die Dateien nicht auf einem externen Server zwischengespeichert werden

Es ist in jedem Fall immer wichtig, die Aufnahmen schnellstmöglich zu archivieren und zu sichern, damit keine Daten verlorengehen. Die Datei sollte also entweder in der Cloud oder auf einer CD bzw. einer externen Festplatte als Backup gespeichert werden.

2.2.3. Tipps zur Benennung von Dateien

Ein weiterer Aspekt ist die korrekte Benennung der Audiodateien. Dies kann bei falscher Ausführung zu großen Problemen im weiteren Arbeitsablauf führen, wird allerdings oftmals vernachlässigt.

Nach der Durchführung der Interviews werden diese meist instinktiv sehr ähnlich benannt (z.B. Interview 1, Interview 2, Interview 3 usw.), oder es wird gar für alle Dateien die gleiche Bezeichnung gewählt. Dies erschwert das Arbeiten mit den Dateien ungemein - nicht nur im Rahmen der Transkription, sondern auch bezogen auf den gesamten Arbeitsprozess - wenn z.B. im späteren Verlauf der Analyse eine bestimmte Stelle aus einem Interview angehört werden soll.

Um dies zu vermeiden, sollte die Benennung der Audiodateien möglichst einfach und eindeutig sein. Generell sind dabei Dateinamen, die Buchstaben anstatt Zahlen enthalten leichter wiederzufinden. Falls man sich auf Zahlen beschränken möchte, sollte immer das Format Jahr/Monat/Tag (jjjj:mm:tt) eingehalten werden (z.B. „20180415"). Dadurch werden die Dateien automatisch chronologisch sortiert.

Man sollte sich allerdings im Klaren darüber sein, dass die ausschließliche Verwendung von Ziffern für die Dateibenennung unzureichend sein kann. Für die beste Übersichtlichkeit sollte eine Kombination von Datum und einem Eigennamen bzw. eines Kürzels des Eigennamens gewählt werden. Dieses Kürzel sollte sich auf den Bearbeiter, den Interviewer oder den Interviewten beziehen.

Die Dateien sollten einfach und dennoch eindeutig benannt werden, sodass sie jederzeit leicht zu identifizieren sind

2.2.4. Programme für den Schnitt

Der nächste wichtige Punkt bei der Interviewverarbeitung ist der Schnitt. Viele Interviews enthalten Stellen, die für die Analyse irrelevant sind und dementsprechend nicht mittranskribiert werden (z.B. Small Talk am Anfang oder Unterbrechungen im Interview). Es kann zudem auch vorkommen, dass der Befragte darum bittet, besonders sensible Stellen zu löschen. Diese stehen somit nicht für die Auswertung zur Verfügung und sollten aus der Audiodatei / Aufnahme herausgeschnitten werden.

Das Schneiden einer Datei erleichtert darüber hinaus einerseits die Transkription, da die Audiodatei nur noch die zu transkribierenden Teile enthält, und andererseits wird es dadurch auch leichter, die relevanten Stellen des Interviews zu finden.

Ein kostenloses Programm, das sich für diesen Zweck sehr gut eignet, ist Audacity, welches im nachfolgenden Kapitel (2.1.5.) vorgestellt wird. An dieser Stelle soll lediglich kurz auf die Funktionalität des Programms im Hinblick auf das Schneiden von Audiodateien eingegangen werden.

Zum Teil ist es sinnvoll die Aufnahme zu schneiden, um ungewollte Passagen zu entfernen – Ein kostenloses Programm dafür ist Audacity

Drei Punkte sollte man beim Schneiden von Audios immer beachten:

1. Es empfiehlt sich immer, Kopfhörer zu tragen, um sich auf einzelne Stellen besser konzentrieren zu können
2. Es sollte genau geprüft werden, welche Passagen entfernt werden können. Dazu gibt es bei Audacity die Zoom-Funktion, wobei man sich stets an der Wellendarstellung der Lautstärke orientieren kann: Sind keine oder nur sehr geringe Wellen vorhanden, dann wird an dieser Stelle wahrscheinlich nicht gesprochen.
3. Generell ist es immer wichtig, die Original-Datei als Back-Up zu speichern.

Für das Entfernen der Stelle, muss diese einfach mit Hilfe des Auswahlwerkzeuges markiert werden und anschließend kann sie mit der Taste „Entfernen" gelöscht werden.

Wenn lediglich am Anfang ein längerer Teil mit Smalltalk geschnitten werden soll und ansonsten keine komplizierten Schnittarbeiten notwendig sind, ist ein umfangreiches Tool wie Audacity nicht zwingend erforderlich. Stattdessen können hier einfachere Programme genutzt werden, die auch ohne Download direkt im Browser ausgeführt werden können. Zwei der besten Optionen sind cutmp3.com und audiotrimmer.com. Bei beiden wird lediglich die Datei ausgewählt und anschließend mit zwei Schiebereglern der Bereich erfasst, der geschnitten werden soll. Die Tonqualität bleibt dabei unverändert. Nachteilig bei diesen beiden Tools ist, dass nur das mp3-Format unterstützt wird. Zudem können hier Datenschutzbedenken auftreten, da der Schnittvorgang nicht lokal auf dem PC stattfindet, sondern auf einem externen Server des jeweiligen Anbieters.

Gute Alternativen zum Schneiden sind cutmp3 und audiotrimmer – Diese sind besonders einfach in der Anwendung

Bei der Beauftragung eines Transkriptionsdienstleisters wie abtipper. de, entfällt die Notwendigkeit des Schnitts. Hier genügt die Angabe der zu transkribierenden Abschnitte (z.B.: von Minute 01:20 – 05:50). Nur diese werden dann bei der Transkription berücksichtigt. Alternativ können dem Dienstleister auch die Stellen genannt werden, die nicht transkribiert werden sollen.

2.2.4. Rauschunterdrückung und Filterung

Ein weiterer wichtiger Punkt für eine qualitativ gute Audioaufnahme ist das Vermeiden von Rauschgeräuschen bei der Aufnahme.

Bereits im Vorhinein können einige Maßnahmen ergriffen werden, um Störgeräuschen wie Rauschen vorzubeugen:

- Das Mikrofon in der Nähe des Sprechers platzieren. Bei Gruppengesprächen evtl. mehrere Mikrofone verwenden
- Ruhige Umgebung
- Vermeiden von Hall und sonstigen Störgeräuschen
- Ausschalten von Smartphones (außer, dieses wird für die Aufnahme genutzt)
- Sofortige Nachfrage bei akustisch unverständlichen Aussagen

Trotz Einhaltung dieser Anweisungen kann es immer zu Problemen mit der Tonqualität o.ä. kommen. In diesem Fall lässt sich die Audioqualität auch nachträglich etwas verbessern, damit alle Aussagen verständlich sind, das Nebenrauschen gemildert und somit die Transkription erleichtert wird.

Hier kann erneut Audacity als Tool genutzt werden:

1. Audiodatei im Programm öffnen
2. Einen kurzen Abschnitt suchen, in dem möglichst nur das Rauschen zu hören ist, diesen Abschnitt markieren und auf „Effekt" und „Rauschenverminderung" gehen und dann: „Rauschprofil erstellen"
3. Anschließend die ganze Datei, bzw. Stellen mit Rauschen markieren und dann erneut „Effekt" und „Rauschenverminderung" klicken
4. Testweise anhören
5. Wenn das Ergebnis noch nicht zufriedenstellend ist, dann kann über die Regler „Rauschenverminderung (db)", „Empfindlichkeit" und „Frequenz-Glättung (Bänder)" noch optimiert werden
6. Die Anwendung der Filter kann einige Zeit dauern (vor allem bei größeren Dateien)
7. Bei Brummen: Equalizer nutzen, dieser zeigt bestimmte Frequenzbereiche an und erlaubt diese zu entfernen
8. Knacken oder Kratzer lassen sich mit „Effekt": „Klickfilter" reduzieren. Hier können verschieden Parameter eingestellt werden, die festlegen bei welcher Lautstärke und Länge die Filter etwas als Störung wahrnehmen

Sollte es vorkommen, dass ein Interviewpartner zu leise ist, weil er z.B. zu weit von dem Mikrofon entfernt sitzt, kann ebenfalls durch Audacity die Lautstärke an der entsprechenden Stelle erhöht werden. Dazu einfach das Hüllenkurvenwerkzeug auswählen, einen weißen Kontrollpunkt jeweils links und rechts von der Stelle setzen und dann genau auf die Stelle klicken, an der die Lautstärke angepasst werden soll. Dieser Punkt kann dann nach oben oder unten verschoben werden, um die Lautstärke an dieser Stelle zu regulieren.

In Audacity lässt sich auch die Lautstärke regulieren – Damit kann u.a. leise Gesprochenes angepasst werden

Hier geht es zum Download: https://www.audacity.de/

3 Abtippen: Das Interview

Es gibt heutzutage viele Arten und Anlässe ein Interview zu führen. So dienen Interviews der Darstellungsform, z.B. in Zeitungen oder auch als Recherchemittel in den Bereichen Wissenschaft und Marktforschung. Interviews werden in der Regel mündlich geführt und können Personen, Sachverhalte oder Meinungen thematisieren. Mithilfe von Ton- oder Bildaufnahmegeräten werden Interviews entweder im direkten Kontakt oder mittels Telefon- oder Videokonferenz aufgezeichnet. Für die Weiterverarbeitung und/ oder eine Analyse von Interviews ist die Verschriftlichung, d.h. die Transkription ein notwendiger, wenn auch meist zeitintensiver Arbeitsschritt. Da Transkripte vielseitig genutzt werden können und dementsprechend andere Aspekte im Vordergrund stehen, richtet sich das Verfahren nach dem Anwendungszweck.

Interviews können vielseitig genutzt werden, z.B. als Darstellungsform oder als Recherchemittel -- das Transkriptionsverfahren ist abhängig vom Anwendungszweck

3.1. Wofür werden Transkripte angefertigt?

Besonders häufig wird im Rahmen von Interviews transkribiert. Die Transkripte sind die schriftliche Dokumentation des Gesagten. Sie dienen dabei zum einen als Gedächtnisstütze und bilden zum anderen die Arbeitsgrundlage für eine Analyse und Weiterverarbeitung der gewonnenen Daten.

Transkripte können vielseitig gestaltet und genutzt werden. Sie haben daher einen breit gefächerten Anwendungsbereich, welcher von der Wissenschaft, über die Marktforschung und Filmproduktionen bis hin zu diversen Medien reicht. Dementsprechend gibt es sehr verschiedene Transkriptionsregeln, deren Detaillierungsgrad je nach Anwendungsbereich und Verfahren variiert.

Transkripte haben viele Anwendungsbereiche – Je nach Bereich und Verfahren unterscheidet sich der Aufwand für die Anfertigung

3.1.1. Wissenschaft

In der Wissenschaft werden vor allem im Bereich der qualitativen Forschung viele Interviews geführt. Für eine anschließende Codierung müssten diese vorher verschriftlicht werden.

Die Notwendigkeit der Transkription unterscheidet sich dabei wenig vom konkreten Anwendungszweck, ob es jetzt eine Bachelor-, Master- oder Doktorarbeit oder ein eigenes Forschungsvorhaben an einem Forschungsinstitut, einer Universität oder einer Hochschule ist.

Für Abschlussarbeiten und/ oder Studien an Universitäten richtet sich die Wahl des Transkriptionsverfahrens nach Wissenschaftsbereich und Schwerpunkt. Häufig wird in den Wirtschafts- und Sozialwissenschaften mit Transkripten gearbeitet.

Teilweise dienen diese aber auch nur als Recherchemittel, um Experten- oder Mitarbeitermeinungen zu bestimmten Sachlagen zu dokumentieren. Bei der Analyse/ Auswertung zählt dann vor allem der Inhalt und weniger die Art einer Äußerung.

Transkripte empfehlen sich als Recherchemittel, dabei zählt vor allem der Inhalt – in den meisten Fällen bieten sich einfache Verfahren an

Abhängig vom Auswertungszweck wird dann auf einfache oder komplexere Transkriptionsverfahren zurückgegriffen. Bei einfachen Transkriptionssystemen steht der Inhalt im Vordergrund, bei komplexeren Verfahren auch sprachliche Aspekte wie Intonation, Sprecherüberlappungen und weitere paraverbale Aspekte berücksichtigt.

Sofern kein sprachwissenschaftlicher oder anderweitig sprachlicher Aspekt im Vordergrund steht, ist es ratsam das Transkript so einfach wie möglich zu halten. Zusatzinformationen, die für eine Auswertung

Neben inhaltlichen Aspekten können auch sprachliche Aspekte im Vordergrund stehen. Je mehr sprachliche Aspekte berücksichtigt werden, desto komplexer das Transkriptionsverfahren

nicht relevant sind, wie Sprechgeschwindigkeit, Tonhöhenverläufe etc. sollten in diesen Transkripten vernachlässigt werden. Die Komplexität der Transkriptionsverfahren schlägt sich in der Leserlichkeit nieder, damit können jene Transkripte für Außenstehende unleserlich und schwer zugänglich erscheinen. Des Weiteren können mit der Fokussierung auf sprachliche Aspekte andere Aspekte wie der semantische Inhalt in den Hintergrund gedrängt werden.

Je komplexer das Transkriptionsverfahren, desto schwerer ist der Zugang und die Leserlichkeit

Transkripte aus dem wissenschaftlichen Bereich sollten das Gesagte möglichst genau wiedergeben. Glättungen, i.e. eine Anpassung zugunsten der Lesbarkeit, sollten nicht vorgenommen werden, da der Inhalt so verfälscht werden kann (s. auch Kapitel 3.4.3.). Für Abschlussarbeiten ist es zudem sinnvoll das fertige Transkript von einem Lektor prüfen zu lassen, um eine möglichst hohe Qualität des Transkriptes zu erreichen. Hierfür bietet abtipper die wissenschaftliche Transkription an, bei der die Transkripte nach dem Vier-Augen Prinzip geprüft werden.

Bei der wissenschaftlichen Transkription wird das Transkript zusätzlich von einem Lektor geprüft – dies empfiehlt sich für Abschlussarbeiten

Die Transkription wird allgemein nicht als Kernelement der wissenschaftlichen Forschung angesehen. Eine Auslagerung an einen Dienstleister gilt daher auch bei Abschlussarbeiten als zulässig, sollte aber im Einzelfall mit dem zuständigen Betreuer abgesprochen werden.

3.1.2. Marktforschung

In der Marktforschung werden Interviews meist zum Zweck der Datenerhebung geführt. Diese erfolgt oftmals in Form von Befragungen - häufig als Telefoninterview - oder von Fokusgruppen im jeweiligen Bereich. Durch die Auswertung der erhobenen Daten können Diagnosen und Prognosen der künftigen Markt- und Produktentwicklung erstellt und darüber hinaus strategische und operative Marketingmaßnahmen geplant werden. Im Vordergrund stehen also hauptsächlich inhaltliche Aspekte, schließlich liegt das Interesse im Bereich Marktforschung auf der Optimierung von Diensten und Produkten. Daher spielen Aspekte wie para- und nonverbale Kommunikation der Interviewteilnehmer eher selten eine Rolle und es genügt meist eine Transkription nach einfachen Regeln. Oftmals sind die Daten streng vertraulich, sodass Personen, Orte oder Institutionen anonymisiert werden. Das Thema Anonymisierung wird in Kapitel 3.4.5. ausführlich besprochen.

Im Bereich Marktforschung zählt vor allem der Inhalt der Interviews – am besten geeignet sind dafür einfache Verfahren

Bei internationalen Studien in verschiedenen Sprachen bietet sich die Transkription mit unmittelbarer Übersetzung in eine Standardsprache (z.B. Deutsch oder Englisch) an, damit dann alle Dateien einheitlich und auswertbar sind.

3.1.3. Filmproduktion

Für die Filmproduktion werden Filme, Interviews, Imagevideos und weitere Dateien - meist im Videoformat - transkribiert. Da die Transkripte oft für die Öffentlichkeit gedacht sind, ist es wichtig, dass das Transkript gut lesbar und in flüssiger Sprache verfasst wird. Insofern eignet sich hierfür eine Transkription nach einfachen Regeln, die um eine Glättung ergänzt werden kann.

Transkripte im Bereich Filmproduktion sind oft für die Öffentlichkeit – Wichtig ist daher eine gute Lesbarkeit und flüssige Sprache.

Transkripte werden in der Filmproduktion aus mehreren Gründen angefertigt. Zum einen helfen sie bei der Sichtung, d.h. der Bearbeitung des Rohmaterials, da uninteressante und ungeplante Sequenzen anhand des Transkripts schneller und einfacher gefunden und gegebenenfalls geschnitten werden können. Zu diesem Zweck ist es auch sinnvoll Zeitstempel zu setzen, um genau nachvollziehen zu können, wer was zu welchem Zeitpunkt sagt und in welchen zeitlichen Abständen dies geschieht. Zeitmarken helfen also, das relevante Material zu filtern (s. auch Kapitel 3.4.4.).

In Transkripten für Filmen sollten Zeitstempel gesetzt werden, um die Sprecherbeiträge zuordnen zu können

Auch für die Erstellung von Untertiteln können zunächst Transkripte angefertigt werden. Diese dienen häufig als Grundlage für Übersetzungen in andere Sprachen.

3.1.4. Medien

Im Bereich der Medien werden häufig Interviews und Einzelvorträge, wie z.B. Podcasts transkribiert. Die fertigen Transkripte werden auf Websites oder in Zeitungen veröffentlicht, dementsprechend zählt hier vor allem der Inhalt. Üblicherweise werden solche Transkripte zusätzlich geglättet, um den Text lesbar zu gestalten und um inhaltlich irrelevante Passagen auszusieben. Für Podcasts, z.B. auf YouTube werden Transkripte unter anderem auch für Untertitel genutzt. Auch hier müssen Zeitstempel gesetzt werden.

Auch in anderen Bereichen der Medien, wie Podcasts, sind Untertitel und damit ebenso Zeitstempel sinnvoll

3.1.5. Reden, Meetings und Vorträge

Reden, Meetings und Vorträge können unter unterschiedlichen Bedingungen und zu diversen Zwecken aufgezeichnet und transkribiert werden. Generell gibt es einige Punkte, die zu beachten sind.

Zum einen werden teilweise Vorgespräche und anschließende Diskussionen geführt, die nicht immer transkribiert werden müssen. Vor dem Transkribieren ist es also sinnvoll sich zu überlegen, welcher Abschnitt der Aufnahme für die anschließende Analyse relevant ist. Zum anderen gilt zu bedenken, dass bei Meetings z.T. mehrere Sprecher gleichzeitig sprechen. Hier verhält es sich ähnlich wie bei Gruppeninterviews (siehe dazu Kapitel 1.1.4.). Auch bei Vorträgen und Reden können unterschiedliche Personen sprechen. Das Transkriptionsverfahren sollte die Sprecher dementsprechend eindeutig bezeichnen und Sprecherwechsel, ggf. auch Überlappungen, berücksichtigen. Meist empfiehlt sich hier dennoch ein einfaches Verfahren. Die Transkripte sind dann für alle Beteiligten oder eventuelle Leser gut verständlich.

Bei Reden, Meetings und Vorträgen gibt es häufig mehrere Sprecher – dementsprechend sollten die Sprecher eindeutig bezeichnet und Sprecherwechsel markiert werden

3.1.6. Biografien

Biografien dokumentieren ein Leben oder einen Lebensabschnitt. Oftmals werden Biografien, die das Leben von berühmten oder interessanten Persönlichkeiten thematisieren, für die Öffentlichkeit zugänglich gemacht, daher spielt der Aspekt der Lesbarkeit eine übergeordnete Rolle. Es ist sogar ratsam, die Biografie einer Glättung zu unterziehen, da Stotterer oder Wortwiederholungen die Lesbarkeit beeinträchtigen.

Besonders wenn Biografien veröffentlicht werden, sollten die Transkripte einfach gehalten werden – nur für eine Charakterisierung können erweiterte Verfahren sinnvoll sein

Gleichzeitig kann es für ein Transkript im Bereich Biografie in besonderen Fällen sinnvoll sein, para- und nonverbale Kommunikation zu berücksichtigen. Dies gilt zum Beispiel für eine präzise Charakterisierung der Person: Verhält sich die Person in bestimmten Situationen genervt, albern oder reserviert?

3.2 Zielsetzung

Die Wahl eines geeigneten Transkriptionsverfahrens ist davon abhängig, welche Aspekte fokussiert werden sollen. Dies können inhaltliche, aber auch sprachliche Aspekte sein. Noch vor dem Führen eines Interviews ist es also ratsam, sich über den Anwendungsbereich und insbesondere den Zweck der gewonnenen Daten bewusst zu sein. Wichtig sind dabei auch die Rezipienten. Dazu gehört auch die Frage, wie die Transkripte genutzt werden sollen. Werden sie für interne Forschungszwecke, wie etwa für die Marktforschung benötigt oder für öffentliche Zwecke, wie Zeitungen oder Filmproduktionen angefertigt? In Abhängigkeit dazu können dann weitere Arbeitsschritte eingeleitet werden.

Transkriptionsverfahren unterscheiden sich nicht nur in Abhängigkeit zum Anwendungsbereich, sondern richten sich insbesondere nach dem Zweck der gewonnenen Daten

3.2.1. Dokumentation

Oftmals dienen Transkripte nur der reinen Dokumentation, z.B. von Kundengesprächen. Diese werden nicht veröffentlicht, sondern meist nur intern gespeichert. Die Lesbarkeit spielt daher eine untergeordnete Rolle. Auch para- und nonverbale Aspekte sind zu vernachlässigen, sodass sich ein einfaches Transkriptionsverfahren empfiehlt.

Bei einer großen Anzahl an Daten mit entsprechender Qualität kann ebenfalls eine automatische Transkription in Betracht gezogen werden. Insbesondere im Bereich Dokumentationen von Call-Center Gesprächen wird bereits häufig darauf zurückgegriffen. Je nach Qualität der Audioaufnahme variieren die Ergebnisse der automatischen Spracherkennung jedoch noch sehr stark. Für eine wortwörtliche Transkription muss die Qualität entsprechend hoch sein. Insbesondere Dialekt und Störgeräusche beeinflussen die Ergebnisse (siehe auch Kapitel 3.6.).

Im Bereich Dokumentation empfehlen sich einfache Transkriptionsverfahren – auch eine automatische Transkription kann hier sinnvoll sein

3.2.2. Wissenschaftliche Inhaltsanalyse

Bei der Inhaltsanalyse liegt der Fokus meist auf dem, was tatsächlich gesagt wurde und weniger auf dem „wie", also mit welcher Betonung und Geschwindigkeit es gesagt wurde. Analysiert werden häufig Inhalte aus Interviews im Bereich Wirtschaft und Marktforschung.

Für eine reine Inhaltsanalyse sollte das Transkript möglichst einfach gehalten sein, da zusätzliche Informationen, wie z.B. die Anzahl von Sprechpausen, für den tatsächlichen Inhalt irrelevant sind. Zusätzlich empfiehlt es sich, eine Zeilennummerierung oder Zeitstempel einzufügen, damit das Transkript zitierfähig ist. Wissenschaftliche Abschlussarbeiten sollten zudem von einem Lektor geprüft werden.

Bei einer reinen Inhaltsanalyse sollte das Transkript möglichst einfach gehalten werden – Zusätzlich können eine Zeilennummerierung und Zeitstempel sinnvoll sein

Für wissenschaftliche Zwecke ist die automatische Spracherkennung noch nicht ausreichend, bzw. mit einem großen Aufwand in der Nachbearbeitung verbunden.

3.2.3. Sprachwissenschaftliche Analyse

Die erweiterten Verfahren bieten sich insbesondere für wissenschaftliche Analysen an, in denen auf besondere sprachliche Phänomene, wie Stotterer, aber auch Betonungen, eingegangen werden soll. Hier steht nicht der Inhalt des Gesagten im Vordergrund, sondern die Art und Weise der Äußerung.

Im Bereich Sozialwissenschaften bieten sich oft erweiterte Verfahren an – Das TIQ Verfahren ist eine Alternative, aber sehr komplex

Ein sehr aufwändiges Verfahren ist das TIQ Verfahren. Hier werden unter anderem auch Sprecherüberlappungen und die Intonation notiert. Dieses Verfahren sollte jedoch nur gewählt werden, wenn diese Informationen zwingend erforderlich sind. Andernfalls hindert die Darstellungsweise bei TIQ und anderen komplexen Verfahren den Lesefluss.

Im sprachwissenschaftlichen Bereich können vielerlei Parameter gesetzt werden. Die Komplexität des Transkriptionsverfahrens hängt von dem Schwerpunkt der Forschungsfrage ab. Meist sind die Verfahren in der Linguistik jedoch sehr komplex. Der Fokus von sprachwissenschaftlichen Transkripten kann einerseits darauf gelegt werden, wie etwas gesagt wird, also wie eine Äußerung lautlich realisiert wird, aber auch darauf, was gesagt wurde (insbesondere im Bereich der Pragmatik). Mögliche Forschungsansätze in sprachwissenschaftlichen Transkripten sind u.a. Dialektforschung, Spracherwerbsforschung, soziolinguistische Forschung u.v.m.

Transkriptionsverfahren im Bereich Sprachwissenschaften sind meist sehr komplex

Für Studien zur Dialektforschung und zum Spracherwerb kann, wie es im universitären Rahmen meistens der Fall ist, mit dem IPA, also der phonetischen Transkription gearbeitet werden. Nachteilig daran sind die Sonderzeichen des IPA, die sich auf keiner üblichen Tastatur finden lassen. Dafür empfehlen sich Erweiterungen, mit denen die Sonderzeichen einfach eingefügt werden können. Das ist u.a. über folgenden Link der UCL (University College London) möglich:

Im Bereich Sprachwissenschaften wird international nach dem IPA transkribiert

https://www.phon.ucl.ac.uk/resource/phonetics/

Für phonetische Transkriptionen und Analysen empfiehlt sich zudem das kostenlose Programm PRAAT. Das Sprachsignal wird dabei in einem Spektrogramm und als Oszillogramm dargestellt und kann auf mehreren Ebenen annotiert werden (z.B. auf Laut-, Wort- oder Satzebene). Daneben bietet das Programm umfangreiche Funktionen, wie u.a. ein Objektfenster, in dem graphische Darstellungen erstellt werden können.

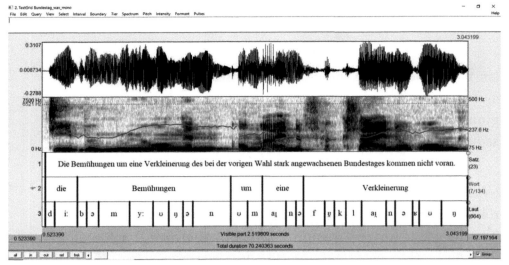

(Abb. 2: Beispiel für die Darstellung in PRAAT)

Ist das Forschungsziel pragmatisch orientiert, bieten sich komplexe Verfahren wie HIAT oder GAT2 an. Diese Verfahren werden im Kapitel 3.3.3. vorgestellt. Einfache Verfahren und auch sprachliche Glättungen sind in diesem Bereich nicht geeignet.

Für pragmatische oder sozialwissenschaftliche Forschungsziele bieten sich HIAT oder GAT2 an

3.3 Verfahren und Regeln zur Transkription

Es gibt eine Vielzahl an Transkriptionsverfahren und -regeln, die meist aus den Bereichen der Sozial- und Sprachwissenschaften stammen. Die einzelnen Verfahren unterscheiden sich vor allem hinsichtlich ihrer Komplexität (einfach, erweitert, komplex) und ihres Anwendungsbereiches. Dabei kann nahezu jedes Verfahren nach den eigenen Bedürfnissen verfeinert oder erweitert werden. Besonders innerhalb der komplexen Verfahren wie GAT2, sind einige Parameter optional (z.B.: Parameter bezüglich der Lautstärke oder Sprechgeschwindigkeit).

Transkriptionsverfahren unterscheiden sich hinsichtlich ihrer Komplexität – einzelne Aspekte sind optional

Folgende Aspekte können in einem Transkript berücksichtigt werden:	
Diese Aspekte können in einem Transkript berücksichtigt werden	
Pausen / Schweigephasen	Rezeptionssignale
Häsitationsphänomene / Verzögerungen	Formulierungskorrekturen
Interjektionen / Einwürfe	Wort- und Konstruktionsabbrüche
Dehnungen	Dialektale Lautungen
Überlappungen und gleichzeitiges Sprechen	
Prosodische Phänomene (z.B. Akzente, Stimmführung am Ende von Phrasen, Sprünge in der Tonhöhe, Änderungen in Lautstärke und Sprechgeschwindigkeit, Rhythmisierungen)	
Nonverbale Kommunikation z.B. Gestik, Mimik, Blickkontakt, Bewegungen im Raum, Objektmanipulationen mit der Hand, Proxemik (Sprechabstand zwischen den Personen)	

3.3.1. Einfache und Wissenschaftliche Transkription

Für viele Zwecke ist eine Transkription nach einfachen Regeln das geeignetste Verfahren (vgl. Kapitel 3.1.). Dies gilt insbesondere, wenn der Inhalt bei der Analyse im Vordergrund steht, z.B. bei Interviews für die Öffentlichkeit, wie Presse oder Film und Fernsehen, aber auch für wissenschaftliche Fragestellungen außerhalb der Sprachwissenschaft, wie Wirtschaft oder Marktforschung. Eine Transkription, die mit einem einfachen Verfahren erstellt wurde, ist zudem leicht geglättet, das heißt Stotterer, Versprecher und Zwischenlaute wie „äh" und „ähm" werden nicht berücksichtigt. Dialektale Äußerungen werden außerdem in Standardsprache wiedergegeben. Dies führt dazu, dass das Transkript gut leserlich ist und an die Öffentlichkeit weitergegeben werden kann, damit beispielsweise Interviews auf Onlineseiten oder in Printmedien veröffentlicht werden können.

Einfache Verfahren empfehlen sich, wenn inhaltliche Aspekte im Vordergrund stehen – das Transkript wird leicht geglättet und ist damit besonders gut, auch für die Öffentlichkeit, zugänglich

Eine wissenschaftliche Transkription wird nach den Regeln der einfachen Transkription bearbeitet und zusätzlich von einem Lektor überprüft. Dies bietet sich vor allem für Abschlussarbeiten an.

Bei der wissenschaftlichen Transkription wird das Transkript zusätzlich von einem Lektor geprüft

Aufgrund jahrelanger Erfahrung haben wir von abtipper unsere eigenen Transkriptionsregeln, nach einfachen und erweiterten Verfahren, entwickelt:

EinfacheTranskriptionsregeln

1. Der Text wird übernommen, wie er gesprochen wird. Es werden keine Korrekturen vorgenommen, d.h. Fehler (z.B. grammatikalische Fehler in der Satzstellung) werden übernommen. Ausnahmen: Siehe Punkte 3 bis 5.

2. Alle Aussagen, auch scheinbar unwichtige Füllwörter (z.B. „ich sage mal" oder „sozusagen" etc.) werden erfasst.

3. Färbungen von Dialekt werden korrigiert (z.B. „haben wir" anstatt „hamma").

4. Alle nonverbalen Zwischenlaute der Sprecher (z.B. Stotterer, Ähms, ne?) werden weggelassen.

5. Weggelassen werden auch alle inhaltlich irrelevanten Hörerbestätigungen (z.B. Hm, Ja, Ach ja). Diese werden nur in seltenen Fällen transkribiert, wenn diese Wörter einen inhaltlichen Beitrag leisten (z.B. als Antwort auf eine Frage).

6. Besondere Ereignisse werden in Klammern gesetzt (z.B. (Tonstörung) oder (Telefon klingelt mehrfach)).

7. Abkürzungen werden nur dann verwendet, wenn die Person sie genauso ausspricht (z.B. wird im Transkript ein gesprochenes „et cetera" nicht mit „etc." abgekürzt).

8. Nur wörtliche/direkte Rede wird in Anführungszeichen gesetzt (z.B. Ich habe ihn gefragt: „Wieso machst du das?").

9. Um Bandwurmsätze über mehrere Zeilen zu vermeiden, werden Satzzeichen sinnvoll gesetzt. Eine Konjunktion (z.B. „Und") kann hierbei am Anfang eines Satzes stehen.

10. Höflichkeitspronomina wie „Sie" und „Ihnen" werden großgeschrieben. Wenn sich z.B. bei einem Interview die Personen gegenseitig ansprechen (z.B. „Ich hätte noch eine Frage an Sie."). Duzen sich die Interviewpartner, wird das „du" und alle Formen des „du" (also auch: „dir", „dich", „dein" usw.) kleingeschrieben.

11. Die Groß- und Kleinschreibung bei Fremdwörtern wird so gewählt, wie man das deutsche Äquivalent schreiben würde, also Verben klein und Nomen groß (z.B. Ich habe den Cyberspace gegoogelt.)

12. Alle Zahlen von eins bis zwölf werden ausgeschrieben und ab 13 als Ziffern geschrieben. Sinnvolle Ausnahmen wie das Datum werden ebenfalls als Ziffer geschrieben (also „3.1.2017").

13. Besonders wichtig für eine genaue und schnelle Zuordnung: Dem Transkript wird exakt der Dateiname der Audiodatei (z.B. „REC-0005") gegeben. Wenn nur ein Abschnitt transkribiert wurde, werden im Dateinamen die entsprechenden Minuten hinzugefügt (z.B. „REC-0005 – Minute 0-30").

14. Der Interviewer wird als I und der Interviewte als B benannt. Bei mehreren Personen wird eine Nummer hinzugefügt, z.B. I1, I2, B1 etc. Die Bezeichnung der Personen werden fettgeschrieben. Ausnahme hiervon sind Einschübe (siehe Punkt 21).

15. Unvollständige Sätze werden mit einem „-" gekennzeichnet (z.B. „Also dann waren-, nein, nochmal: Da waren vier Leute in dem-."). Nach dem „-" werden wie im Beispiel reguläre Satzzeichen gesetzt. Das „-" wird direkt hinter das Wort gesetzt, ohne Leerzeichen.

16. Unvollständige Wörter werden nur aufgenommen, wenn sie einen inhaltlichen Mehrwert haben. Sonst gelten sie als Stotterer und werden einfach weggelassen.

17. Pausen über vier Sekunden werden mit der Sekundenanzahl in Klammern gekennzeichnet, also z.B. bei sieben Sekunden Pause: (7 Sek.).

18. Wörter, bei denen der Wortlaut nicht ganz eindeutig ist und nur vermutet wird, werden mit einem Fragezeichen gekennzeichnet und in Klammern gesetzt (z.B. (?Koryphäe)). Wenn das verstandene Wort offensichtlich keinen Sinn ergibt und an dieser Stelle logisch überhaupt nicht reinpassen kann, dann wird die Stelle als unverständlich markiert (siehe nächster Punkt).

19. Unverständliche Stellen (z.B. aufgrund von Rauschen oder anderen Störgeräuschen) werden mit einem Zeitstempel nach dem Format ... #hh:mm:ss# gekennzeichnet. Im Falle von ...#00:01:04# gäbe es also nach 1 Minute 4 Sekunden eine unverständliche Stelle.

20. Bei der einfachen Transkription werden mit Ausnahme von Punkt 19 keine Zeitstempel gesetzt.

21. Bei sehr kurzen Einschüben der anderen Person (auch gleichzeitig Gesprochenem) können diese Aussagen in den Redefluss der anderen Person in Klammern eingebaut werden (z.B. „I: Das waren 12 Jahre, (B: Nein, 13.) ich erinnere mich."). Dies gilt nicht für Hörerbestätigungen ohne inhaltlichen Mehrwert, die einfach weggelassen werden (z.B. Hm). Bei den Einschüben werden die

Sprecherbezeichnungen nicht fett geschrieben. Die Einschübe werden auch mit einem Satzzeichen, meist einem Punkt, beendet. Sonstige Satzzeichen werden vor den Einschub gesetzt, nicht dahinter.

BEISPIEL FÜR EIN TRANSKRIPT NACH EINFACHEN REGELN
(ALS BEISPIEL MIT VIELEN BESONDERHEITEN):

Name der Datei: Interview Herr Müller v2

I1: Ja, wie war das für Sie?

B: Also, vom Körperempfinden war die andere Erfahrung intensiver gewesen.

I1: Inwiefern?

B: -nicht so 100 Prozent beurteilen, weil ich ja jetzt nicht vollkommen 100 Prozent die ganzen acht Minuten da war. Also, ich sage mal, hätte es ja auch sein können, dass es sich anders noch entwickelt hätte, (I1: Das sehe ich anders.) wenn ich-. (4 Sek.)

I1: Irgendwie schon. (Telefon klingelt.)

B: Ja, also es ist schon irgendwie sehr, sehr komisch, weil ich normalerweise nie schnell einschlafe. Ich war da schon in vielen Therapien und so weiter, et cetera, zum Beispiel letztes Jahr in Köln bei Herrn (?Schindlorz). Der hatte mich auch gefragt: „Wie kann das denn sein?"

I2: Sie sagten ja gerade, als Sie kamen, das war Ihnen sehr ... #00:01:47#. Könnten Sie das noch einmal erläutern?

3.3.2. Erweiterte Transkription

Erweiterte Verfahren eignen sich vor allem, wenn eine detaillierte Auswertung erfolgen soll, bei der neben inhaltlichen Aspekten auch sprachliche Aspekte berücksichtigt werden sollen. Dazu zählen u.a. besondere verbale Aspekte, wie z.B. Stotterer, sowie auch prosodische Aspekte (besondere Betonungen). Damit ist die Transkription nach dem erweiterten Verfahren aufwändiger als nach einfachen Regeln. Gleichzeitig wird die Lesbarkeit des Transkriptes für Außenstehende erschwert, sodass das erweiterte Verfahren nur in wenigen Anwendungsfällen besser geeignet ist.

Bei erweiterten Verfahren werden auch sprachliche Aspekte berücksichtigt, dadurch ist die Transkription aufwändiger – erweiterte Verfahren empfehlen sich nur in seltenen Fällen

ErweiterteTranskriptionsregeln

1. Der Text wird übernommen, wie er gesprochen wird. Es werden keine Korrekturen vorgenommen, d.h. Fehler (z.B. grammatikalische Fehler in der Satzstellung) werden übernommen.

2. Alle Aussagen, auch scheinbar unwichtige Füllwörter (z.B. „ich sage mal" oder „sozusagen" etc.) und Zwischenlaute der Sprecher (z.B. Stotterer, Hms, Ähms etc.), werden übernommen.

3. Färbungen von Dialekt werden korrigiert (z.B. „haben wir" anstatt „hamma").

4. Besondere Ereignisse werden in Klammern gesetzt (z.B. (Tonstörung) oder (Telefon klingelt mehrfach)).

5. Besonders betonte Begriffe werden großgeschrieben (z.B. „Das werden wir NICHT machen.").

6. Abkürzungen werden nur dann verwendet, wenn die Person sie genauso ausspricht (z.B. wird im Transkript ein gesprochenes „zum Beispiel" nicht mit „z.B." abgekürzt).

7. Wörtliche/direkte Rede wird regulär in Anführungszeichen gesetzt (z.B. Ich habe ihn gefragt: „Wieso machst du das?").

8. Um Bandwurmsätze über mehrere Zeilen zu vermeiden, werden Satzeichen sinnvoll gesetzt.

9. Höflichkeitspronomina wie „Sie" und „Ihnen" werden großgeschrieben. Wenn sich z.B. bei einem Interview die Personen gegenseitig ansprechen (z.B. „Ich hätte noch eine Frage an Sie."). Duzen sich die Interviewpartner wird das „du" und alle Formen des „du" (also auch: „dir", „dich", „dein") kleingeschrieben.

10. Alle Zahlen von eins bis zwölf werden ausgeschrieben und alle Zahlen ab 13 als Ziffern.

11. Der Interviewer wird als I und der Interviewte als B benannt. Bei mehreren Sprechern wird eine Nummer hinzugefügt, z.B. I1, I2 etc.

12. Die Bezeichnung der Personen wird fett geschrieben.

13. Unvollständige Sätze werden mit einem „-" gekennzeichnet (z.B. „Also dann waren-, nein, nochmal von vorne: Da waren vier Leute.").

14. Wörter, bei denen der Wortlaut nicht ganz eindeutig ist und nur vermutet wird, werden mit einem Fragezeichen gekennzeichnet und in Klammern gesetzt (z.B. (?Koryphäe)).

15. Pausen über vier Sekunden werden mit der Sekundenanzahl in Klammern gesetzt, also z.B. bei sieben Sekunden Pause: (7 Sek.).

16. Unverständliche Stellen (z.B. aufgrund von Rauschen oder anderen Störgeräuschen) werden mit einem Zeitstempel nach dem Format … #hh:mm:ss# gekennzeichnet. Im Falle von …#00:01:04# gäbe es also nach 1 Minute 4 Sekunden eine unverständliche Stelle.

17. Nach jedem Sprecherwechsel wird ein Zeitstempel im Format #hh:mm:ss# eingesetzt.

18. Bei sehr kurzen Einschüben der anderen Person (auch Hörerbestätigungen und gleichzeitig Gesprochenem), z.B. in einem Interview, wird diese Aussage in den Redefluss der anderen Person in Klammern mit eingebaut (z.B. „I: Ich war damals neu hier (B: Ach so.) und kannte daher nicht viele."). Bei diesen Einschüben werden die Sprecherbezeichnungen nicht fett geschrieben.

Beispiel für ein Transkript nach erweiterten Regeln
(als Beispiel mit vielen oben genannten Besonderheiten):

Name der Datei: Interview Herr Müller v2

I1: Ja, ähm, also wie war das für Sie? #00:00:01#

B: Also, also, also vom Körperempfinden war die andere Erfahrung intensiver gewesen. #00:00:03#

I1: Inwiefern? #00:00:10#

B: -nicht so 100 Prozent ähm beurteilen, weil ich ja jetzt nicht vollkommen 100 Prozent die ganzen acht Minuten da war. Also, ich sage mal, hätte es ja auch sein können, dass es sich anders noch hätte entwickelt hätte (I1: Genau.), wenn ich wach-. (4 sek) Also von daher ist es ja auf der anderen Seite auch ein gutes Zeichen, das heißt ja, dass ich komplett entspannt gewesen bin. #00:01:07#

I1: Irgendwie schon. (Telefon klingelt.) #00:01:16#

B: Hm (fragend). Also es ist schon irgendwie SEHR SEHR komisch, weil ich normalerweise nie schnell einschlafe. Ich war da schon in vielen Therapien und so weiter et cetera, zum Beispiel letztes Jahr in Köln bei Herrn (?Schindlorz). Da hatten die mich auch gefragt: „Wie kann das denn sein?" #00:01:45#

I2: Sie sagten ja gerade, als als als Sie kamen, das war Ihnen sehr ... #00:01:47#. Könnten Sie das noch einmal erläutern? #00:01:50#

3.3.3. Komplexe Transkription

Zu den komplexen Verfahren gehören neben weiteren TiQ, HIAT und GAT2. Diese Verfahren sind so komplex, dass sie üblicherweise nur in den Sozialwissenschaften und der Linguistik genutzt werden. Somit kommen sie nur in ganz spezifischen Anwendungsfeldern zum Einsatz.

Komplexe Verfahren können unterschiedliche Schwerpunkte haben. Diese liegen nicht nur, wie bei der einfachen und erweiterten Transkription, auf inhaltlichen und verbalen Aspekten. Berücksichtigt wird besonders die exakte Wiedergabe des Gesagten. Dabei werden auch nonverbale sowie prosodische Merkmale berücksichtigt. Die komplexen Verfahren sind dazu geeignet, beim Lesen des Transkriptes einen Höreindruck zu gewinnen. Je mehr Parameter gesetzt werden, desto mehr kann analysiert und auch interpretiert werden, dementsprechend ist die Analyse bei komplexen Verfahren aufwändiger und nimmt mehr Zeit in Anspruch.

Ein bekanntes komplexes Verfahren ist das TIQ Verfahren. Das TiQ Verfahren (nach Bohnsack) ist vor allem auf soziologische Forschungsfragen ausgerichtet. Im Vergleich zu HIAT und GAT2 ist das TiQ Verfahren leichter zugänglich (Grund dafür ist auch die Darstellung). Für die sprachwissenschaftliche Forschung ist TiQ allerdings nicht geeignet.

Komplexe Verfahren kommen nur in ganz spezifischen Anwendungsfeldern zum Einsatz – u.a. dienen sie dazu einen Höreindruck zu vermitteln

TiQ-Regeln:

1. Buchstäbliche Transkription; Zwischenlaute, Hörerbestätigungen („äh", „hm" usw.) und emotionale Äußerungen („lachen") werden übernommen

2. Wörter werden zu Beginn der Äußerung und zu Beginn einer Überlappung, nach einem ⌊ , groß geschrieben. Nach Satzzeichen wird jedoch klein geschrieben, da die Satzzeichen intonatorisch zu verstehen und nicht grammatikalischer Natur sind. Eine Ausnahme bilden auch Substantive, diese werden ebenfalls großgeschrieben.

3. Zeilen werden nummeriert

4. Allen Teilnehmern wird ein Buchstabe mit dem Zusatz f für weibliche Personen und m für männliche Personen zugewiesen (z.B.: Af, Bm, Cf).

Weitere Zeichen und Symbole im TiQ Verfahren:

⌊ Beginn einer Überlappung

⌋ Ende einer Überlappung

(.) Pause bis zu einer Sekunde

(2) Anzahl der Sekunden einer Sprecherpause

Betontes wird unterstrichen

Lauter Gesagtes wird fett geschrieben

°leises° Sprechen wird mit ° markiert

. stark sinkende Intonation

; schwach sinkende Intonation

? stark steigende Intonation

, schwach steigende Intonation

- kennzeichnet Abbruch eines Wortes: lei-

= markiert Wortverschleifungen: ham=ma

: markiert Dehnung von Vokalen, die Häufigkeit entspricht der Länge der Dehnung z.B.: „nei::n"

Bei Unsicherheit bezüglich des genauen Wortlautes, wird das Wort in Klammern gesetzt, Bsp.: (doch)

() unverständliche Äußerungen, die Länge der Klammer entspricht in etwa der Dauer der unverständlichen Äußerung

((stöhnt)) Kommentare bzw. Anmerkungen zu parasprachlichen, nicht-verbalen oder gesprächsexternen Ereignissen; die Länge der Klammer entspricht im Falle der Kommentierung parasprachlicher Äußerungen (z.B. Stöhnen) etwa der Dauer der Äußerung.

@nein@ z.B. lachend gesprochenes „nein"

@(.)@ kurzes Auflachen

@(3)@ 3 Sekunden Lachen

//mhm// Hörersignal des Interviewers, wenn das „mhm" nicht überlappend ist.

HIAT und GAT2 sind komplexe, individuell erweiterbare Verfahren, die vor allem im sprachwissenschaftlichen Bereich genutzt werden. Bei diesen Verfahren kann es sogar sinnvoll sein, mit Videomaterial zu arbeiten, da mit HIAT und GAT2 auch nonverbale Kommunikation und non-verbales Handeln berücksichtigt werden.

Auch bei komplexen Verfahren kann es sinnvoll sein mit Videomaterial zu arbeiten – dadurch kann non-verbale Kommunikation analysiert werden

Das HIAT Verfahren hat einige Vorteile, insbesondere, wenn mehrere Sprecher gleichzeitig kommunizieren und wenn weitere prosodische Merkmale markiert werden sollen. Die Partiturschreibweise beeinträchtigt zwar die Lesbarkeit, jedoch erlaubt sie es, mehrere Aspekte anschaulich und eindeutig zu illustrieren.

Für komplexe Verfahren wie HIAT wird oft eine Partiturschreibweise vorgegeben – zur Darstellung empfiehlt sich ein entsprechendes Programm wie EXMARaLDA

Wenn die Transkription nach dem HIAT Verfahren erstellt werden soll, ist es daher ratsam, mit EXMARaLDA zu arbeiten. EXMARaLDA ist ein linguistisches System mit Tools zum Erstellen und Analysieren von Gesprächskorpora. Dazu gehört auch das Werkzeug Partitur-Editor zum Anfertigen von Transkripten. Nachfolgend ein Beispiel für die Darstellung als Partitur in EXMARaLDA:

```
A [v]:                                         lassen Sie mich bitte
B [v]: Ja, ähm, also wie war das für Sie?
```

```
A [v]: eines klarstellen.
```

(Abb. 3: Partiturschreibweise in EXMARaLDA)

Mit HIAT und GAT2 wird ein besserer Höreindruck vermittelt, dafür werden die Transkripte mit zunehmendem Umfang immer unleserlicher. Des Weiteren nehmen diese Verfahren mehr Zeit in Anspruch, da jeder Gesprächsausschnitt mehrmals auf unterschiedliche Phänomene (wie Pausen, Hauptakzente, Tonhöhenverläufe etc.) überprüft werden muss.

GAT2, ursprünglich GAT (Gesprächsanalytisches Transkriptionssystem), wurde von Linguisten mit dem Ziel entwickelt, ein einheitliches System zu schaffen. Damit sollten Daten aus unterschiedlichen Forschungsrichtungen ausgewertet werden können. Die überarbeitete Version GAT2 existiert seit 2009.

GAT2 findet ebenfalls hauptsächlich Anwendung in der Linguistik – dabei wird zwischen Minimal-, Basis- und Feintranskript differenziert

Bei GAT2 wird zwischen drei Transkripten unterschieden, wobei diese beliebig miteinander kombiniert werden können: das Minimaltranskript, das Basistranskript und das Feintranskript.

Das Minimaltranskript enthält Informationen zur Verlaufsstruktur z.B. Überlappungen, simultanes Sprechen und Pausen.

Im Basistranskript werden Turns in Intonationsphrasen segmentiert, folgende Aspekte können dabei berücksichtigt werden:

1. Tonhöhenbewegungen am Phrasenende (.,;-?)
2. Fokusakzent und starker Akzent. Bsp.: ak!ZENT!
3. Dehnung von Lauten
4. interpretierende Kommentare wie <<lachend>wow> etc.

Im Feintranskript werden Nebenakzente, Akzenttonhöhenbewegungen, Tonhöhensprünge, Veränderung der Lautstärke/Geschwindigkeit etc. vermerkt. Das Feintranskript ist vor allem für Linguisten im Bereich der Konversationsanalyse/ Intonationsphonologie interessant.

Für das GAT2 Verfahren sollte eine äquidistante Schriftart (etwa Courier) verwendet werden, da dies Bedingung für die Weiterbearbeitung der Transkripte (z.B. bei simultan Gesprochenem) ist. Hier ein Beispiel für ein Minimaltranskript nach GAT2:

```
00        A: ja, ähm, also wie war das [für Sie?

00        B:                           [lass mich[endlich

00        C:                                     [Ja


     A: also vom körperempfinden]

         B: aus]reden]

         C: so ist es ]


00        A:                                    das stimmt
```

(Abb. 4: Beispiel für ein Minimaltranskript nach GAT2)

Eine detaillierte Schritt-für-Schritt Anleitung für die Transkription nach GAT2 stellen Hagemann/ Henle (2014) als PDF zur kostenlosen Verfügung. Außerdem gibt es ein Online Tutorial von der Universität Freiburg mit praktischen Hinweisen zum Transkribieren nach GAT2:

http://paul.igl.uni-freiburg.de/gat-to/

Transkriptionsregeln	Übersicht Transkriptionsregeln		
	Einfache Regeln von abtipper	Erweiterte Regeln von abtipper	TIQ
wortgenau (auch Fehler werden übernommen)	ja	ja	ja
Füllwörter ("sozusagen", "ich sage mal")	ja	ja	ja
Rezeptionssignale (z.B. "mhm" bejahend)	ja, wenn Antwort auf eine Frage	ja	ja
Häsitationsphänomene (z.B. "äh", "ähm")	nein	ja	ja
Dialekt	Standarddeutsch (Ausnahme: Dialektale Wörter ohne akkurate Übersetzung)	Standarddeutsch (Ausnahme: Dialektale Wörter ohne akkurate Übersetzung)	wird übernommen
Wort- und Satzabbrüche	Satzabbrüche mit -	beides mit -	Wortabbruch mit -
Wortverschleifung (z.B.: „Ich hab's" statt „ich habe es")	Standarddeutsch (Ich habe es)	Standarddeutsch (Ich habe es)	mit = (Ich hab=s)
Interjektionen/Einwürfe (z.B.: „oh", „ups", „pst")	nein	ja	ja

Sprechpausen	ab 4 Sekunden Anzahl der Sekunden in Klammern (5 Sek)	ab 4 Sekunden Anzahl der Sekunden in Klammern (5 Sek)	Pause bis zu einer Sekunde: (.); ansonsten Anzahl der Sekunden in Klammern (4)
Überlappungen	Einschübe (auch wenn überlappend) in Klammern: I: Das ist zwei Jahre (B: Nein!) her, ich erinnere mich	Einschübe (auch wenn überlappend) in Klammern: I: Das ist zwei Jahre (B: Nein!) her, ich erinnere mich	( ) Länge der Klammer entspricht der Dauer der unv. Aussage
kurze Einschübe			
vermuteter Wortlaut	(?Wortlaut)	(?Wortlaut)	(Wortlaut)
unverständlicher Wortlaut	Markierung an exakter Stelle mit … und einem Zeitstempel	Markierung an exakter Stelle mit … und einem Zeitstempel	
wörtliche Rede	wird in Anführungszeichen gesetzt	wird in Anführungszeichen gesetzt	
Prosodie			
starke Betonung	nein	in Großbuchstaben	Unterstreichung
laut/ leise gesprochen	nein	nein	lauter/ °leiser°
Dehnung eines Wortes	nein	nein	Deh::nung, Häufigkeit entspricht Länge der Dehnung
Intonation	nein	nein	durch Satzzeichen (.;,?)
Nonverbale Ereignisse (z.B.: Störgeräusche, Telefonklingeln)	in Klammern (Telefon klingelt)	in Klammern (Telefon klingelt)	in doppelten Klammern ((Telefon klingelt))
Parasprachliche Ereignisse (z.B.: lachen, weinen etc.)	in Klammern (lachen)	in Klammern (lachen)	in doppelten Klammern ((weinen)), Ausnahme lachen mit @ Symbolen: @(.)@ kurzes Auflachen
Groß- und Kleinschreibung	entsprechend der deutschen Grammatik, Höflichkeitspronomina („Sie",„Ihre") beginnen mit einem Großbuchstaben	entsprechend der deutschen Grammatik, Höflichkeitspronomina („Sie",„Ihre") beginnen mit einem Großbuchstaben	bis auf Substantive wird alles kleingeschrieben
Satzzeichen	nach den offiziellen dt. Rechtschreibregeln, Bandwurmsätze werden gemieden	nach den offiziellen dt. Rechtschreibregeln, Bandwurmsätze werden gemieden	s. Intonation
Zeitstempel	Nur bei unverständlichem Wortlaut	nach jedem Sprecherwechsel und bei unverständlichem Wortlaut	k.A.

3.4 Optionen bei der Transkription

Alle Transkriptionsregeln lassen sich erweitern und auf eigene Bedürfnisse bzw. Anforderungen anpassen. Die Optionen sind dabei vielfältig. Einfache Optionen sind das Hinzufügen von Zeitstempeln und/ oder einer Zeilennummerierung oder auch eine Glättung oder Anonymisierung des Transkripts. Darüber hinaus kann der Vorgang der Transkription mit einer Übersetzung oder auch Untertitelung verbunden werden. Auf die einzelnen Optionen wird im Nachfolgenden näher eingegangen.

Transkriptionsregeln können um beliebig viele Optionen erweitert werden – dazu gehören: Zeitstempel, Zeilennummerierung, Glättung, Übersetzung, Untertitelung u.v.m.

3.4.1. Anonymisierung

Teilweise werden persönliche Daten für die Auswertung und Veröffentlichung anonymisiert. Grundsätzlich lassen sich drei Methoden der Anonymisierung unterscheiden:

Formale Anonymisierung: Entfernung von direkten Identifikationsmerkmalen wie Name und Adresse (ggf. Ersetzen durch Pseudonyme)

Faktische Anonymisierung: Nicht nur personenbezogene Merkmale (Name und Adresse), sondern auch personenbeziehbare, die eine mittelbare Identifizierung ermöglichen (z.B. Orte oder Institutionen). Außerdem werden konkrete Daten durch allgemeinere ersetzt (z.B. „Mercedes" durch „Automobilhersteller")

Absolute Anonymisierung: alle direkten oder indirekten Merkmale werden dauerhaft entfernt (durch Schwärzung oder Streichung), wodurch die Aussagekraft jedoch stark verringert wird

Üblicherweise erfolgt die Anonymisierung während der Transkription des Interviews. Als Erfahrungswert hat sich folgende konkrete Umsetzung bei abtipper bewährt:

- [Personenname] statt Personenname
- [Ortsname] statt Ortsname
- [Unternehmensname] statt Unternehmensname
- [Institutionsname] statt Institutionsname
- [Produktname] statt Produktname
- Ggf. weitere Namen für bezeichnende Objekte, die den Interviewpartner eindeutig identifizieren können, werden in eckigen Klammern neutral umschrieben.
- Werden im Interview mehrere Personen, Orte, etc. genannt, dann werden diese durchnummeriert und für das gesamte Interview beibehalten, also z.B. [Ortsname1] immer für Ortsname1, [Ortsname2] immer für Ortsname2…

3.4.2. Zeitstempel und Zeilennummern

Teilweise ist es notwendig, dass genaue Stellen in den Transkripten zitiert werden können. Hierfür bieten sich zwei Optionen an: Zeitstempel und eine Zeilennummerierung.

Vor allem wenn es im Nachhinein wichtig ist, bestimmte Tonstellen noch einmal nachzuhören, bieten sich Zeitstempel innerhalb des Dokumentes an. Diese werden üblicherweise nach jedem Sprecherwechsel oder zu bestimmten Zeitpunkten (z.B. jede Minute) eingefügt. Dabei wird jeweils der Zeitpunkt der Audiodatei im Format #hh:mm:ss# eingefügt. Für bestimmte Auswertungsprogramme ist es wichtig, dass die Zeitstempel ein bestimmtes Format aufweisen, damit diese von dem entsprechenden Programm ausgelesen werden und darin weiterverarbeitet werden können (z.B. hh:mm:ss-ms für die Auswertung mit MAXQDA).

Standardmäßig werden Zeitstempel nach jedem Sprecherwechsel gesetzt – Sie können aber auch in beliebigen Abständen (z.B. jede Minute) und bei unverständlichen Stellen eingefügt werden

Außerdem können unverständliche Stellen mit Zeitstempeln gekennzeichnet werden. Dies ist deswegen vorteilhaft, da man sich die markierten Stellen, gezielt und ohne große Umstände, raussuchen und wiederholt anhören kann.

Für die Zitierung empfiehlt sich eine Zeilennummerierung. Diese lässt sich in den gängigen Schreibprogrammen wie Word und Open Office in wenigen Schritten einfügen. In Word ist diese Funktion unter Layout zu finden, dabei sind mehrere Optionen möglich, wobei in Transkripten i.d.R. fortlaufend nummeriert wird. Bei Open Office kann die Zeilennummerierung unter Extras eingeschaltet werden. Sollen nur bestimmte Bereiche nummeriert werden, können diese einfach markiert und die Zeilennummerierung dann eingeschaltet werden.

> Insbesondere für die Zitierung empfiehlt sich eine Zeilennummerierung – Diese lässt sich mit wenigen Klicks einfügen (in Word unter Layout und bei OpenOffice unter Extras)

3.4.3. Glättung

Glättungen werden vor allem bei Transkripten vorgenommen, die im Rahmen von journalistischen Artikeln zum Beispiel in Zeitungen oder auf Blogs erscheinen. Die Glättung von Transkripten fördert den Lesefluss und erleichtert den Zugang für Rezipienten. Transkripte mit Glättung sind somit druckreif.

Auch wenn Interviews geplant werden, weisen Interviews viele Merkmale von Spontansprache auf, wie Stotterer, Wiederholungen, (Eigen-)Berichtigungen und weitere. Bei der Glättung von Transkripten werden unter anderem diese Merkmale korrigiert. Wenn nicht schon durch eine einfache Transkription geschehen, werden zudem dialektale Äußerungen ins Standarddeutsche transkribiert und grammatische Fehler werden berichtigt.

> Sprachliche Glättungen führen zu einem besseren Lesefluss und machen das Transkript druckreif – Dabei werden Merkmale von Spontansprache, wie z.B. auch häufige Dopplungen, korrigiert

Des Weiteren werden im Zuge einer Glättung häufige Doppelungen (z.B. Doppelungen am Satzanfang) zugunsten des Leseflusses ersetzt. Erfahrungsgemäß beginnen Sätze in Interviews oft mit „so", „also", „und dann", „aber" und ähnlichen Formulierungen.

In einigen Zusammenhängen ist es sinnvoller Wortwiederholungen komplett zu streichen, vor allem das Wort „also".

Außerdem werden bei einer Glättung Passagen gestrichen, die nicht Teil des Interviews sind. Dazu gehören zum Beispiel Zwischengespräche mit Personen, die nicht am Interview beteiligt sind (z.B. ein Kellner im Restaurant, der die Bestellung aufnimmt).

Beispiel für ein Transkript ohne Glättung:

I1: Also ja, wie war das für Sie?

B: Also, vom Körperempfinden war die andere Erfahrung intensiver gewesen.

I1: Inwiefern?

B: Also das kann ich nicht so 100 Prozent beurteilen, weil ich ja jetzt nicht vollkommen 100 Prozent die ganzen acht Minuten da war. Also, ich sage mal, hätte es ja auch sein können, dass es sich anders noch entwickelt hätte, (I1: Das sehe ich anders.) wenn ich-. (4 Sek.)

I1: Irgendwie schon. (Telefon klingelt.)

B: Ja, also es ist schon irgendwie sehr, sehr komisch, weil ich normalerweise nie schnell einschlafe. Ich war da schon in vielen Therapien und so weiter, et cetera, zum Beispiel letztes Jahr in Köln bei Herrn (?Schindlorz). Der hatte mich auch gefragt: „Wie kann das denn sein?"

B2: Möchten Sie noch etwas bestellen?

I1: Ja bitte noch einen Cappuccino.

Beispiel für ein Transkript mit Glättung:

I1: Wie war das für Sie?

B: Vom Körperempfinden war die andere Erfahrung intensiver.

I1: Inwiefern?

B: Das kann ich nicht so 100 Prozent beurteilen, weil ich ja jetzt nicht vollkommen 100 Prozent die ganzen acht Minuten da war. Deswegen hätte es auch sein können, dass es sich noch anders entwickelt hätte, (I1: Das sehe ich anders.) wenn ich-. (4 Sek.)

I1: Irgendwie schon. (Telefon klingelt.)

B: Es ist schon irgendwie sehr, sehr komisch, weil ich normalerweise nie schnell einschlafe. Ich war da schon in vielen Therapien, zum Beispiel letztes Jahr in Köln bei Herrn (?Schindlorz). Der hatte mich auch gefragt: „Wie kann das denn sein?"

3.4.4. Transkription und/ oder Übersetzung?

In einem internationalen Forschungskontext oder bei speziellen Interviewpartnern kann es auch vorkommen, dass das Interview in einer Fremdsprache geführt wird. Es ist immer zu empfehlen, das Interview in der Muttersprache des Befragten zu führen, um Sprachhemmnisse zu vermeiden und eine entspannte Atmosphäre für den Befragten zu erzeugen.

Dies hat meist zur Folge, dass eine Übersetzung des Transkriptes notwendig ist, um das Transkript für Menschen ohne entsprechende Sprachkenntnisse zugänglich zu machen.

Der Vorgang der Übersetzung erfolgt üblicherweise in zwei Schritten: Zunächst wird das Transkript für die Audio- oder Videodatei in der Ausgangssprache erstellt. Anschließend erfolgt die Übersetzung in die Zielsprache.

> Üblicherweise erfolgt die Übersetzung in zwei Schritten – wenn nur die Übersetzung benötigt wird kann dies jedoch auch in unmittelbar erfolgen

Um erheblich bei Zeit und Kosten zu sparen, kann die Übersetzung auch unmittelbar, d.h. ohne den Zwischenschritt der Transkription, ausgeführt werden. Insbesondere wenn nur die Übersetzung und nicht das Transkript in der Ausgangssprache benötigt wird, sollte diese Methode präferiert werden.

Eine weitere Option ist die Erstellung eines Transkriptes in Originalsprache, wobei nur einzelne Abschnitte übersetzt werden, die für die weitere Verwendung wichtig sind, aber auch das Einfügen von Zeitstempeln.

Auch Übersetzungen können nach bestimmten Vorgaben angefertigt werden, welche vom Zweck der Übersetzung abhängig sind. Bei Übersetzungen, die veröffentlicht werden, z.B. zu Werbe- oder Marktforschungszwecken, ist vor allem wichtig, dass der Inhalt schnell und einfach zu erfassen ist. Eine Wort-für-Wort Übersetzung kann die Lesbarkeit dabei einschränken. Daher bietet abtipper die sogenannte einfache Übersetzung in Dolmetscher Qualität an, bei der der Sprachstil etwas angepasst wird, um eine gute Lesbarkeit zu erreichen. Für die Übersetzung von wissenschaftlichen Themen, z.B. Fachvorträge, empfiehlt sich hingegen eine wortgetreue Übersetzung. Diese haben eine entsprechend hohe Qualität, die mit höheren Kosten verbunden und in einigen Fällen nicht zwingend erforderlich ist.

> Es kann zwischen einfachen Übersetzungen in Dolmetscher-Qualität und wortgetreuen Übersetzungen unterschieden werden – Einfache Übersetzungen eignen sich besonders, wenn nur der Inhalt wiedergegeben werden soll

3.4.5. Untertitel

Untertitel kommen in Filmen, Serien, Online-Videos (z.B. auf Youtube) oder auch in aufgezeichneten Vorlesungen an Hochschulen zum Einsatz. Zum einen richten sich Untertitel an hörgeschädigte Menschen, die der Schriftsprache folgen können und zum anderen werden sie für Übersetzungen genutzt. Des Weiteren ermöglichen Untertitel, dass auch von mobilen Geräten unterwegs Videos ohne Ton abgespielt und angeschaut werden können. Je nach Zweck der Untertitelung gibt es andere Anforderungen an die Erstellung. Generell ist eine gute Lesbarkeit von höchster Bedeutung. Dabei ist für die Erstellung von Untertiteln wichtig, dass diese nicht zu lang werden, damit der Leser diese schnell erfassen kann. Die Untertitel werden meist mittig platziert; als Schriftart empfiehlt sich eine serifenlose Schrift, wie z.B.: Arial oder Calibri.

Untertitel sind hilfreich, um Videoaufnahmen ohne Ton folgen zu können – dementsprechend sollte diese schnell zu erfassen und gut lesbar sein

Eine Sprecherzuordnung ist in vielen Fällen sinnvoll. Für Hörgeschädigte ist sie wichtig, da die Zuordnung nicht über Stimmen erfolgen kann. Die Sprecherzuordnung kann durch eine farbliche Markierung erfolgen, wobei die Farbe Rot aufgrund der schlechten Lesbarkeit ungeeignet ist.

Ein Sprecherzuordnung kann unterschiedlich erfolgen, durch: farbliche Markierung, Platzierung, mittels eines Anstrichs oder drei Punkten

Weitere Möglichkeiten zur Darstellung eines Sprecherwechsels ist die Platzierung, wobei die einzelnen Beiträge dann nicht mittig platziert werden, sondern beim Sprecher, die Kennzeichnung mittels eines Anstrichs oder die Darstellung mit drei Punkten:

Platzierung:
Wie geht es dir?
Gut und dir?

Anstrich:
Wie geht es dir? – Gut und dir?

Drei Punkte:
Wie geht es dir? ... Gut und dir?

Die Darstellung von Geräuschen kann insbesondere bei Untertiteln für Hörgeschädigte berücksichtigt werden, da diese Spannung und Atmosphäre erzeugen. Welche Geräusche transkribiert werden, liegt in der Entscheidung der Untertitelnden; allgemeingültige Regeln gibt es nicht. Szenen, in denen etwas unverständlich (im Hintergrund) genuschelt oder geflüstert wird, sollten entsprechend markiert werden (z.B. mit „Geflüster" oder „nicht zu verstehen"). So entsteht nicht der Eindruck, dass den Zuschauenden Informationen vorenthalten werden. Eine Möglichkeit der Darstellung ist die Setzung der Geräusche in Klammern (z.B.: (Husten)).

Auch Musik kann bei der Untertitelung berücksichtigt werden. Insbesondere Liedtexte können zum Handlungsverstehen beitragen. In diesem Fall ist eine Transkription sinnvoll. Musikalische Einlagen, die zur Hintergrundkulisse gehören und nicht das Filmgeschehen beeinflussen, können hingegen mit einem kurzen Vermerk versehen werden (z.B.: „Musik"). Zur Kennzeichnung von Liedtexten in Untertiteln wird üblicherweise eine Raute oder eine Musiknote genutzt:

Musik bzw. Liedtexte können zum Handlungsverstehen beitragen – das sollte bei der Untertitelung beachtet werden

#Alle meine Entchen   ♪ Alle meine Entchen

Für die Erstellung und Bearbeitung von Untertiteln kommen spezielle Programme zur Anwendung. Ein kostenloses Programm ist der Aegisub Advanced Subtitle Editor. Die Dateien werden üblicherweise im srt Format erstellt. Mit den Programmen wird zudem die Setzung von Zeitstempeln erleichtert. Diese sind für die Untertitelung zwingend erforderlich.

Ein kostenloses Programm zur Erstellung von Untertiteln ist Aegisub – YouTube bietet die Möglichkeit der automatisierten Untertitelung

Auch eine automatische Erstellung von Untertiteln ist inzwischen möglich. Unter anderem bietet YouTube an, Videos mithilfe von Spracherkennung automatisiert zu untertiteln. Dabei ist allerdings zu beachten, dass die automatische Sprecherzuordnung noch sehr ungenau ist. Dementsprechend ist eine Korrektur, bzw. Nachbearbeitung immer zu empfehlen.

3.4.6 Formatierung

Während die einzuhaltenden Transkriptionsregeln meist sehr genau beschrieben werden, sind die Aussagen zur Formatierung (z.B. Schriftart, Schriftgröße, Textausrichtung) meist eher vage oder gar nicht vorhanden. Diese ist aber für eine gute Auswertbarkeit und ein insgesamt einheitliches und professionelles Bild der Transkripte sehr wichtig.

Alle Transkripte sollten ausnahmslos gleich formatiert werden, auf grafische Spielereien (z.B. farbige Schrift) sollte verzichtet werden.

Die Formatierung ist für die Erstellung von Transkripten sehr wichtig – diese sollten stets einheitlich formatiert werden.

Aus jahrelanger Erfahrung von abtipper haben sich folgende Formatierungsstandards bewährt:

1. Alle Transkripte werden in der Schriftart Arial, mit der Schriftgröße 11, einem Rand oben/unten/links/rechts von 2,5 cm, einem Zeilenabstand von 1,5 und 12 Punkte Abstand vor den Absätzen erstellt.

2. Zwischen den Absätzen werden keine leeren Zeilen gesetzt.

3. Der gesamte Text wird in Blocksatz erstellt.

4. Es wird nichts kursiv gesetzt, weder Eigennamen noch Fremdwörter.

5. Aussagen beginnen mit einem Großbuchstaben und enden mit einem Punkt. Dies gilt auch für sehr kurze Aussagen (z.B. „Ja.").

6. Absätze werden nur bei einem Rednerwechsel gesetzt. Innerhalb der Aussage einer Person werden keine Absätze gesetzt.

7. Die Sprecherbezeichnungen I: und B: zu Anfang der Wortbeiträge werden fett markiert.

Alle von abtipper erstellten einfachen und wissenschaftlichen Transkriptionen werden genau in dieser Art und Weise einheitlich formatiert.

Die Datei sollte am einfachsten in einem Word-Format gespeichert werden (z.B. doc oder docx). Sollte ein alternatives Textverarbeitungsprogramm genutzt werden, dann bieten sich die Speicherung im rtf-Format an, da dieses von allen gängigen Programmen fehlerfrei geöffnet werden kann. Die Speicherung in unterschiedlichen Formaten ist in den Textverarbeitungsprogrammen meist mit einem Klick („Speichern unter") möglich.

Am einfachsten werden die Transkripte in einem Word-Format gespeichert – alternativ bietet sich das rtf-Format an, da es von allen gängigen Programmen geöffnet werden kann

3.4.7. Die 10 häufigsten Fehler bei der Transkription

Bei der Transkription können viele Fehler passieren. In der nachfolgenden Tabelle haben wir die 10 häufigsten Fehler bei der Erstellung von Transkripten festgehalten:

Fehler	Falsch	Richtig
Umgangssprachige Formulierung wird nicht geglättet	B: Nee, ich sag dir doch, dass ich ne andere Präferenz hab.	B: Nein, ich sage dir doch, dass ich eine andere Präferenz habe.
Fehlende Satzzeichen	I: Wir warten seit 10 Uhr, (B: Nein, erst seit 12.) dass wir- nein das erzähle ich nicht.	I: Wir warten seit 10 Uhr, (B: Nein, erst seit 12.) dass wir-. Nein, das erzähle ich nicht.
Stotterer und nichts zum Inhalt beitragende Einschübe trotzdem transkribiert	I: Ich wi-, wi-, weiß auch nicht, (B: Hmh.) woran der-, woran das liegt, (B: Ja.) also, ja, frage mich bitte, bitte, bitte nicht.	I: Ich weiß auch nicht, woran das liegt, also frage mich bitte, bitte, bitte nicht.
Falsche Verwendung von das/dass	B: Dass bedeutet nicht, das wir das jetzt gleich starten.	B: Das bedeutet nicht, dass wir das jetzt gleich starten.
Sprechbezeichnungen in Einschüben fett markiert	I: Ich komme gerade nicht auf das Wort. (**B: Web 2.0.**) Genau, so heißt es, das ist ihr Thema.	I: Ich komme gerade nicht auf das Wort. (B: Web 2.0.) Genau, so heißt es, das ist ihr Thema.
Falsche Markierung von unklaren und unverständlichen Stellen	I: Das war für Herrn (Javier?) ein wichtiges Thema beim ...... #03:02#-Projekt.	I: Das war für Herrn (?Javier) ein wichtiges Thema beim ... #00:03:02#-Projekt.
Verwendung von falschen Satzzeichen	B: Es sagte mir - nur unter uns - das war damals Otto, Helmuth, Elli und und und ...	B: Es sagte mir, nur unter uns, das war damals Otto, Helmuth, Elli und und und.
Keine Trennung von Bandwurmsätzen	B: Wir gingen dann nach Berlin und dort haben wir ein Geschäft aufgemacht oder besser gesagt einen Laden gekauft und das war wirklich erfolgreich.	B: Wir gingen dann nach Berlin. Und dort haben wir ein Geschäft aufgemacht oder besser gesagt einen Laden gekauft. Und das war wirklich erfolgreich.
Verwendung von Abkürzungen	B: Er hatte damit z.B. das Haus, das Auto etc. für die BASF bezahlt.	B: Er hatte damit zum Beispiel das Haus, das Auto et cetera für die BASF bezahlt.
Tipp- und Rechtschreibfehler	I: Sie will ds Haus auch ein Bisschen für sich haben-.	I: Sie will das Haus auch ein bisschen für sich haben.

3.5 Nützliche Tools für die Transkription

Wenn man sich dagegen entscheidet, die Transkription von einem externen Dienstleister durchführen zu lassen, kann man das Transkript natürlich auch selbst erstellen. Der Zeitaufwand sollte trotz des niedrigen Kostenfaktors nicht unterschätzt werden. Denn die Dauer für die Transkription beträgt i.d.R. mindestens die dreifache Zeit der Audiodateilänge, ein ungeübter Tipper benötigt ein Vielfaches dieser Zeit.

Werden die Transkripte selbst angefertigt, sollte unbedingt der Zeitaufwand bedacht werden – die Dauer beträgt mindestens die 3-fache Zeit der Audiodateilänge

Um die Transkription selbst durchzuführen sind keine besonderen Tools oder Programme notwendig. Ein Textverarbeitungsprogramm, wie z.B. Microsoft Word und ein Abspielprogramm für Audiodateien sind für eine einfache Transkription ausreichend. Allerdings dauert die Transkription ohne ein spezielles Programm deutlich länger. Bei Word gibt es dafür einige hilfreiche Einstellungen, wie z.B. Makros oder das Anpassen des Layouts im Vorfeld.

Für die Erstellung von Transkripten sind die Standard Text- (Microsoft Word) und Audioprogramme meist ausreichend – mit speziellen Abspielprogrammen ist man jedoch deutlich schneller

Obwohl ein Textverarbeitungsprogramm bei den meisten Usern vorhanden sein sollte, sind die Anforderungen an das Abspielprogramm für Audios wesentlich höher. Grund hierfür ist, dass andere Faktoren als z.B. beim Abspielen von Musik für die Transkription relevant sind. Um die Auswahl des richtigen Programms zu erleichtern, gibt das folgende Kapitel eine kurze Übersicht.

3.5.1. Abspielprogramme

Bei der Vielzahl an verfügbaren Audioplayern fällt die Auswahl zunächst schwer. Wir stellen deshalb hier einige der besten Programme vor, die sehr gut für die Transkriptionstätigkeit geeignet sind. Ein kostenpflichtiges Programm ist im Normalfall nicht notwendig, denn die hier vorgestellten, kostenlosen Programme beherrschen ebenfalls alle wichtigen Funktionen.

Es gibt eine Vielzahl an Audioplayern – dabei bieten auch die kostenlosen Programme die wichtigsten Funktionen

WINDOWS MEDIA PLAYER

Der Windows Media Player ist bei den Windowsprogrammen vorinstalliert. Hiermit lassen sich gängige Audio- und Videodateien abspielen, Wiedergabelisten erstellen und CDs brennen (vgl. Kapitel 2.1.1). Darüber hinaus bietet der Player nur wenige Funktionen. Für die Erstellung eines Transkriptes ist es also sinnvoll, eines der nachfolgenden Programme mit entsprechenden Funktionen anzuschaffen.

Von der neuesten Version 12 werden folgende Formate unterstützt:

> WMA, MP2, MP3, WAV, M4A, AAC, AVI, WMV, MPG, MPEG, MOV, MP4, M4V, MP4V, 3G2, 3GP2, 3GP, 3GPP, ASF, WMA, WMV, WM, WMD, WMZ, WMS, ASX, WAX, WVX, WMX, WPL, M1V, DVR-MS, IVF, M2TS, MID, MIDI, RMI, AIF, AIFC, AIFF, CDA, ADT, ADTS, MPA, MPE, M3U

VLC PLAYER

Beim VLC Player handelt es sich um ein kostenloses Open-Source Tool, das seit 1996 von dem VideoLan-Team entwickelt und betreut wird. Dieses besteht aus französischen Studenten und Entwicklern aus über 20 Ländern.

Das Programm kann direkt auf der VLC Webseite kostenfrei heruntergeladen werden. Die Besonderheit des VLC-Players ist seine Kompatibilität mit nahezu allen Dateiformaten. Dazu zählen u.a. die folgenden:

> AAC, AC3, ASF, ANNODEX, AVI, CREATIVE VOICE, DTS, DVB, FLAC, FLV, MIDI, MKV, MOV, MPG, MPEG (ES, MP3, MP4, PS, PVA, TS), MXF, MIDI, NUT, OGG, OGM, Real (RAM, RM, RMVB, RV), RAW DV, SVCD, WAV, WMA, WMV, 3GP.

Das Programm ist jedoch nicht nur auf diese Formate limitiert, sondern kann sich bei weiteren Formaten selbstständig die notwendigen Codecs herunterladen und installieren. Es ist somit nicht darauf angewiesen, dass diese schon bei Windows vorhanden sind.

Darüber hinaus werden auch physische Formate wie CD und DVD unterstützt und selbst unvollständige oder beschädigte Dateien können teilweise abgespielt werden.

Der VLC-Player ist mit Windows 7, 8 und 10 sowie Linux und MacOS kompatibel und kann auch auf Mobilgeräten (Android, iOS, Windows Phone) genutzt werden. Aufgrund der hohen Verbreitung des Programms gibt es einen umfassenden Support und immer neue Funktionen. Zudem kann der Funktionsumfang durch zahlreiche Add-Ons und Plugins erweitert werden. Dadurch dass der Player nur wenige Systemressourcen verbraucht, kann er problemlos parallel zu anderen Programmen verwendet werden und ist dadurch bestens für Transkriptionen geeignet.

Dazu kommen auch noch viele weitere, für die Transkription sinnvolle Funktionen. So kann über die Taste „L" oder das Menü „Ansicht" die Wiedergabeliste eingeblendet werden, was bei mehreren Dateien sehr praktisch ist. Darüber hinaus kann die Lautstärke über 100% erhöht werden, was bei leisen Stellen des Interviews hilfreich ist. Standardmäßig ist eine Erhöhung auf 200% möglich, jedoch lässt sich die Lautstärke mit einem einfachen Trick auf bis zu 400% steigern:

> Extras → Einstellungen → Interface → Hauptinterfaces → Qt → Haken bei „Einstellen der Lautstärke bis auf 400%" erlauben

Des Weiteren kann die Abspielgeschwindigkeit eingestellt werden, was die Transkription sehr erleichtert und bei der Deutung von unverständlichen Stellen hilft. Dabei reichen die Einstellungsoptionen von der 0,25-fachen bis zu der 4-fachen Geschwindigkeit. Außerdem kann der VLC-Player im Vordergrund der Programme fixiert werden. Dadurch kann z.B. ein Video selbst beim Schreiben in Word immer im Blick behalten werden. Weitere nützliche Funktionen sind das Einstellen von Schleifen und Bookmarks.

Eine Besonderheit des VLC-Players ist die Möglichkeit, globale Hotkeys einzustellen. Dadurch kann der Player auch aus anderen Programmen heraus gesteuert werden, z.B. während Word geöffnet ist. Somit kann man unproblematisch und schnell die Wiedergabe stoppen und starten oder in der Audiodatei vor- und zurückspringen. Normalerweise bieten nur professionelle und kostenpflichtige Transkriptionsprogramme diese Funktion an.

Eine Anleitung zum Einstellen von Hotkeys findet sich in der folgenden Infobox:

1. VLC Player starten, auf „Extras – Einstellungen" klicken
2. Im folgenden Fenster unten links „alle" Einstellungen anzeigen lassen
3. Im linken Menü unter „Interface" auf „Hotkey-Einstellungen" klicken
4. In der Liste rechts in der Zeile „Abspielen / Pause" in der Spalte [Global] „Unset" doppelklicken
5. Beliebige Taste drücken, auf die Schaltfläche „Festlegen"
6. Die vorher ausgewählte Taste erscheint in der [Global]-Spalte (s. Abb. oben).
7. Unten in der Liste finden sich die Einträge „sehr kurzer Sprung zurück" und „sehr kurzer Sprung vorwärts".
8. Den beiden Sprüngen jeweils eine Taste zuordnen
9. Nun kann im VLC-Player unabhängig vom gerade benutzten Programm vor- und zurückgespult werden
10. Die Vor- bzw. Zurückspullänge (in Sekunden) wird über das Feld „'Sehr kurz vorspulen' – Länge" festgelegt
11. Einstellungen mit der Schaltfläche „Speichern" übernehmen

Hier geht es zum Download: https://www.vlc.de/

Abschließend werden noch einmal alle Vor- und Nachteile des VLC-Players übersichtlich zusammengefasst:

Vorteile	Nachteile
Kostenlos	Keine automatischen Updates, sondern nur manuell durch Nutzer
Kompatibel mit nahezu allen Dateiformaten und Betriebssystemen	Kurze Einarbeitungszeit aufgrund des hohen Funktionsumfanges notwendig
Hoher Funktionsumfang (spezielle Einstellungen für die Transkription möglich)	Organisation von vielen Dateien nicht möglich (keine grafische Mediathek mit Dateibrowser o.ä.)
Globale Hotkeys	Keine Cloud-Anbindung
Konvertierung des Dateiformates möglich	Keine Bearbeitung der Audio-Datei möglich
Zuverlässigkeit, geringer Verbrauch von Systemressource	

Winamp:

Winamp wurde 1997 als Shareware von der belgischen Firma Radionomy S.A. entwickelt und kann über die Webseite (http://www.winamp.com/) kostenlos heruntergeladen werden. Das Programm ist kompatibel mit Windows XP, Vista, 7, 8 und 10, sowie MacOS und Mobilgeräten (iOS und Android).

Der Umfang der unterstützten Dateiformate ist nicht so groß wie beim VLC-Player, die gängigen Formate können aber abgespielt werden:

> MP1-, MP2-, MP3-, MP4-, (Ogg) Vorbis-, AAC-, MIDI-, MOD- (sowie viele Derivate), MPC- (per Plug-in), WAV-, WMA-, WMV- (seit Version 5.12 auch mit DRM), FLAC-[1] sowie NSV-Dateien

Zudem lassen sich die unterstützten Formate und der Funktionsumfang des Programmes per Plugins erweitern. In der folgenden Übersicht werden auch hier wieder die Vor- und Nachteile kurz gegenübergestellt:

Vorteile	Nachteile
Automatische Lautstärkeanpassung beim Abspielen	Schon länger keine Updates mehr, eventuell Sicherheitsrisiko
Beinhaltet Musikbibliothek-Funktionen, gute Organisation der Dateien möglich	Funktionsumfang geringer als beim VLC Player, keine speziellen Funktionen für Transkription
Einsteigerfreundlicher und übersichtlicher als VLC Player	Keine Audiobearbeitung

Audacity:

Bei Audacity handelt es sich um einen kostenlosen Audioeditor und -rekorder. Das Programm wurde im Jahre 2000 als Open-Source Projekt veröffentlicht und kann über die entsprechende Webseite kostenfrei heruntergeladen und genutzt werden.

Audacity ist verfügbar ab Windows XP, für macOS und Linux und kann die meisten gängigen Audioformate verarbeiten. Dazu zählen MPEG und MP3s, MP3, WAV, AIFF, WMA, Ogg Vorbis, Sun Au/NeXT und IRCAM. Audiodateien mit diesen Formaten können abgespielt und konvertiert werden. Wie bereits in Kapitel 2.1.5 erläutert, kann Audacity auch für den Schnitt und zur Verbesserung der Tonqualität genutzt werden. Mit seinen vielen Funktionen hebt sich Audacity somit von den beiden anderen vorgestellten Audioplayern ab.

Dementsprechend ergeben sich folgende Vor- und Nachteile:	
Vorteile	Nachteile
Bearbeiten der Audiodatei möglich, dadurch können eventuelle Störungen und Fehler bei der Aufnahme beseitigt werden, besonders gut geeignet bei schlechter Tonqualität	Unterstützt weniger Dateiformate als die anderen beiden
Audacity Portable als tragbare Funktion, die sogar von einem USB-Stick ausgeführt werden kann (ohne Installation)	Nicht so umfangreiche Bearbeitungsmöglichkeiten wie bei kostenpflichtiger (Profi-) Software
Im Vergleich zu anderen Audiobearbeitungsprogrammen sehr übersichtlich und kurze Einarbeitungszeit	Im Vergleich zu reinen Musikplayern (wie VLC-Player oder Winamp) nicht so einfach zu bedienen und längere Einarbeitung

Audacity ist somit besonders gut geeignet, wenn eine schlechte Audioqualität vorliegt oder z.B. viele Störungen und Rauschen vorhanden sind. In diesem Fall kann das Programm genutzt werden, um die Qualität zu verbessern. Möchte man die Transkription selbst ausführen und sich dafür nicht gleich ein Transkriptionsset kaufen möchten, ist der VLC Player das geeignetere Programm, da es bei hohem Funktionsumfang einfach zu bedienen und die Einstellung von globalen Hotkeys möglich ist. In keinem Fall ist die Verwendung von kostenpflichtiger Software notwendig oder zu empfehlen.

Bei qualitativ schlechten Aufnahmen ist Audacity besonders gut geeignet – ansonsten empfiehlt sich generell der VLC-Player mit einem großen Funktionsumfang

Wichtig ist jedoch immer, dass nicht nur das richtige Abspielprogramm bei der Transkription verwendet wird, sondern auch das passende Equipment. Dazu gehören auch bequem sitzende Kopfhörer mit einer entsprechenden Klangqualität. Diese sollten auch über einen längeren Zeitraum ohne Beschwerden getragen werden können.

Wichtig ist auch das richtige Equipment – dazu gehören bequeme Kopfhörer mit guter Klangqualität

Bei langen Transkriptionsvorhaben ist nichtsdestotrotz die Verwendung eines speziellen Transkriptionsprogrammes empfehlenswert. Damit geht die Transkription deutlich schneller und die Kosten amortisieren sich so ab einer gewissen Anzahl an Transkriptionen. Einige ausgewählte Programme werden im folgenden Kapitel vorgestellt.

3.5.2. Transkriptionsprogramme

Transkriptionsprogramme erleichtern durch ihre speziell auf die Transkription ausgelegten Funktionen jene Tätigkeit sehr stark. Zwar lassen sich einfache Transkriptionen auch mit Word und einem entsprechenden Abspielprogramm für Audiodateien erstellen (s.o.), doch dieses Vorgehen ist bei vielen oder langen Transkripten nicht sinnvoll.

Bei langen Transkripten ist es sinnvoll mit einem Transkriptionsprogramm zu arbeiten – diese bieten eine Kombination von Abspielprogramm und Texteditor

Die Besonderheit der Transkriptionsprogramme ist die Kombination von Audioabspielprogramm und Texteditor. Dadurch ergeben sich folgende Vorteile:

- Automatisches Zurückspringen nach Betätigung der Pause-Taste
- Regulierung der Abspielgeschwindigkeit ohne Verzerrung der Tonhöhe
- Kommentar-/ Memofunktion für jedes Transkript
- Pausenlängen messen und einfügen
- Automatische Zeitmarken
- Sprechermarkierung in Wellendarstellung des Audios und im Text
- Textbausteine für wiederkehrende Elemente
- Steuerung per Fußschalter möglich

Transkriptionsprogramm „f4transkript"

Die Software f4 wurde von der Dr. Dresing & Pehl GmbH entwickelt. Es werden zwei verschiedene Programme angeboten, eines zum transkribieren (f4transkript) und eines für die Auswertung (f4analyse). Letzteres wird in Kapitel 4.3. im Rahmen der qualitativen Inhaltsanalyse vorgestellt. Die aktuellen Versionen sind für Windows-Computer ab Windows XP und als Programme f5transkript und f5analyse für Macs verfügbar.

Um sich einen Eindruck von den Funktionen und der Bedienung von f4transkript zu verschaffen, gibt es eine Demoversion, die die Wiedergabedauer auf 5 Minuten beschränkt, ansonsten aber den vollen Funktionsumfang bietet. Die komplette Version gibt es in Form von verschiedenen Lizenzen, inklusive eines Rabatts für Studenten oder Doktoranden (der Preis variiert zwischen 25,00 und 129,00 Euro, Stand 12.11.2019).

Das Programm unterstützt nahezu alle gängigen Audioformate, darunter u.a.:
MP3, OGG, WMA, WAV, MPG und AVI

Darüber hinaus wird auch gesondertes Zubehör wie z.B. ein Fußpedal unterstützt. Dieses ist hilfreich, um die Wiedergabe von Audiodateien zu steuern, ohne dabei den Schreibprozess zu unterbrechen und ein gesondertes Programm aufzurufen. Zudem ist f4 mit anderen Programmen wie Audacity kompatibel, sodass auch zuvor bearbeitete Aufnahmen verarbeitet werden können.

Folgende weitere Funktionen bietet f4transkript:

- Variable Regulierung des Wiedergabetempos. Nach einer Pause springt das Programm automatisch ein paar Sekunden zurück.
- Sprecher werden farblich markiert und Sprecherwechsel automatisch angezeigt
- Genaue Zeitmessung
- Loopfunktion
- Wellenform zur Visualisierung der Lautstärke
- Automatische Zeitmarkierung
- Einfügen von Kommentaren
- Textbausteine für wiederkehrende Formulierungen
- Zurück-Funktion zum Korrigieren von Fehlern

Alles in allem bietet f4transkript einen ausreichenden Funktionsumfang in Kombination mit einem relativ günstigen Preis. Als Alternative dazu bietet sich die Software MAXQDA an, die im Folgenden näher vorgestellt wird.

TRANSKRIBIEREN MIT „MAXQDA"

Die Software MAXQDA wurde 1989 von dem Unternehmen VERBI entwickelt. Auch hier gibt es wieder eine kostenfreie Demoversion, sowie verschiedene Lizenzen mit einem Rabatt für Studierende. Eine Besonderheit ist, dass der Funktionsumfang der Standardversion mit Erweiterung vergrößert werden kann. Dazu gibt es z.B. „Plus" für Wortschatzanalysen, „Analytics Pro" für deskriptive und inferenzstatistische Analysen oder „Reader", welches das Lesen von Projekten ohne Editierfunktion ermöglicht. Des Weiteren existiert auch eine MAXQDA App für Smartphones. Ergänzend dazu bietet die Webseite detaillierten Support und ein Handbuch zum Download.

Das Programm dient der computergestützten qualitativen Inhaltsanalyse und wird häufig im Rahmen wissenschaftlicher Studien verwendet. Neben Funktionen, die speziell auf die Auswertung von Daten ausgerichtet sind (s. Kapitel 4.3.), bietet das Programm auch praktische Funktionen für die

Transkription:

- Kontrolle der Abspielgeschwindigkeit, bei freier Definition des Rücksprungintervalls
- Automatisch generierte Zeitmarken
- Tastenkürzel für häufige Textbausteine
- Markierung von Sprecherwechseln
- Unterstützung von Fußschaltern zum Starten und Stoppen der Wiedergabe
- Erkennung von Zeitmarken bei Import von Transkripten (Zeitstempel müssen das Format hh:mm:ss-ms haben)

Insgesamt bietet f4transkript mehr Funktionen im Bereich Transkription als MAXQDA. Da beide Varianten eine kostenfreie Demoversion anbieten, empfehlen wir, vorab beide einmal zu testen und sich selbst einen Eindruck zu verschaffen. Beide Programme erleichtern die Transkription ungemein.

Insbesondere wenn es sich dabei um eine Vielzahl von Interviews handelt, kann die Anschaffung eines ganzen Transkriptionssets sinnvoll sein. Dieses enthält alles, was man für eine manuelle Transkription auf hohem Niveau benötigt. Die Anschaffung ist aufgrund des meist hohen Preises allerdings erst bei einer wirklich großen Menge von Interviews zu empfehlen.

> F4transkript bietet insgesamt mehr Funktionen als MAXQDA. Es lohnt sich jedoch die kostenfreien Demoversionen zu testen – Insbesondere bei einer Vielzahl von Interviews ist eine Anschaffung sinnvoll

3.5.3. Transkriptions-Sets

GRUNDIG DIGTA 7 STARTER KIT

Das Transkriptionsset ist Teil des in Kapitel 1.2.1 vorgestellten Grundig Digta 7 Starter Kits. (Bei Amazon für 534,00 Euro zu erwerben: https://amzn.to/2usz30M)

Folgende Komponenten sind darin enthalten:

- DigtaStation 447 Plus
- Fußschalter 536
- Kopfhörer Swingphone 568 GBS

Aufgrund der einfachen Bedienung ist es besonders für den Einstieg sehr gut geeignet: Man kann ohne aufwendige Einarbeitungszeit direkt mit der Transkription anfangen. Weitere Vorteile sind das LCD-Display mit einem sehr guten Kontrast sowie ein automatisierter Fortschrittsbalken. Die mitgelieferte Station lädt den Akku auf. Zusätzlich dazu liegt noch ein weiterer Akku bei. Der Fußschalter ermöglicht das Starten und Stoppen der Aufnahme, sowie Schnellvor- und Rücklauf. Er kann direkt an die Station angeschlossen werden und benötigt keine externe Stromversorgung.

Zusammenfassend bietet das Set folgende Funktionen:	
Tastatur	Schiebeschalter
Anschlusstyp Kopfhörer	Klinkenstecker
Anschlusstyp Mikrofon	Klinkenstecker
Abmessung Diktiergerät (LxBxT)	130 x 52 x 22 mm
Gewicht Diktiergerät	122g
Aufnahme-/ Wiedergabeformate	DSS, DSS Pro, WAV, MP3
Unterstützte Flash Memory-Karten	MMC, SD und SDHC
Ausgangsleistung gesamt	200 mW
Auflösung	150 x 160 Pixel
Aufnahmezeit	300 Std.
Batteriekapazität	1000 mAh
Akkulaufzeit	25 Std.
Batterieladezeit	4 Std.
Batterie	2 x Batterie 1,5 V Typ AAA

Olympus Diktiergerät DS 2500 inklusive AS-2400 Transcription Kit

Preis: 298,69€ (bei Amazon unter https://amzn.to/2s4fR8K, Stand 12.11.2019)

Dieses Set des Herstellers Olympus enthält das Diktiergerät DS 2500 und das AS-2400 Transcription Kit, das wiederum aus der DSS Player Software Transcription Modul, dem Fußschalter RS-28 und dem Headset E-102 besteht.

1. Olympus Diktiergerät DS 2500

Bei dem Olympus DS 2500 handelt es sich um ein digitales Diktiergerät, das die Aufnahmen auf einer im Paket enthaltenen SD Speicherkarte im Format „DSS Pro" sichert. Mittels USB-Anschluss können die Aufnahmen anschließend zur weiteren Verarbeitung auf den Computer übertragen werden. Das USB-Kabel ist im Lieferumfang enthalten, ebenso wie die notwendige Software, zwei Batterien und eine Ledertasche für den Transport des Gerätes.

Darüber hinaus bestehen folgende Spezifikationen:	
Tastatur	Drucktasten
Anschlusstyp Kopfhörer	
Anschlusstyp Mikrofon	3,5 mm Minibuchse
Abmessung Diktiergerät (LxBxT)	113,5 x 5 x 17 mm
Gewicht Diktiergerät	105g
Aufnahme-/ Wiedergabeformate	DSS Pro
Unterstützte Flash Memory-Karten	
Ausgangsleistung gesamt	235 mW
Auflösung	
Aufnahmezeit	303 Std.
Batteriekapazität	
Akkulaufzeit	
Batterieladezeit	
Batterie	2 x Mikro Batterien
Bluetooth/ WLAN	Nein
Verschlüsselung	Diktat-Verschlüsselung
Mikrofontyp	Stereo

2. AS-2400 Transcription Kit

Das Transcription Kit ergänzt das Diktiergerät mit dem nötigen Zubehör. Dazu zählen vor allem der Fußschalter und das Headset, welche den Transkriptionsvorgang stark erleichtern. Die zugehörige Software kann das Audioformat des Diktiergerätes DSS Pro, sowie DSS, WAV, WMA und MP3 verarbeiten. Darüber hinaus ist die Verwaltung von Dateien in verschiedenen Ordnern, die für andere Nutzer freigegeben werden können, möglich. Das Headset verfügt außerdem über eine integrierte Rauschunterdrückung.

Philips Diktiergerät Voice Tracer DVT 2710 + SpeechExec Transcription Set 7177

Die dritte Alternative besteht ebenfalls aus einem Diktiergerät mit entsprechendem Zubehör, allerdings von dem Hersteller Philips.

1. Diktiergerät Voice Tracer DVT 2710

Dieses digitale Diktiergerät ist mit zwei Stereomikrofonen ausgestattet und bietet sogar eine Sprachaktivierung für die freihändige Benutzung. Dank Plug and Play über USB können die Dateien problemlos auf den Computer übertragen werden. Hier ist sogar eine Kompatibilität mit Windows, MacOs und Linux gegeben. Die Speicherkapazität beträgt 8GB und kann durch eine microSD-Karte um bis zu 32GB erweitert werden. Außerdem ist die Software „Dragon Naturally Speaking Recorder Edition" im Set enthalten, mit deren Hilfe Audiodateien automatisch in ein Transkript umgewandelt werden können (s. Kapitel 2.5 für mehr Informationen).

Nachfolgend eine Übersicht der Details:	
Tastatur	Drucktasten
Anschlusstyp Kopfhörer	
Anschlusstyp Mikrofon	
Abmessung Diktiergerät (LxBxT)	113 x 45 x 20 mm
Gewicht Diktiergerät	79g
Aufnahme-/ Wiedergabeformate	MPEG1 Layer 3 (MP3), PCM (WAV)
Unterstützte Flash Memory-Karten	microSD
Ausgangsleistung gesamt	110 mW
Auflösung	128 x 160 Pixel
Aufnahmezeit	2280 Std. (LP), 284 Std. (SP), 190 Std. (HQ), 90 Std. (SHQ), 12 Std. (PCM)
Batteriekapazität	
Akkulaufzeit	Bis zu 50 Stunden
Batterieladezeit	
Batterie	2 x AAA
Bluetooth/ WLAN	Nein
Verschlüsselung	PIN
Mikrofontyp	Stereo

2. SpeechExec Transcription Set 7177

Den zweiten Teil dieses Transkriptionssets bildet die SpeechExec Wiedergabesoftware, mit deren Hilfe die Audiodateien abgespielt werden können. Dazu kommen der Fußschalter und die Stereokopfhörer zur Erleichterung der Transkription. Die Software funktioniert allerdings nur mit Windows ab der Version XP.

Alles in allem bieten alle drei Sets einen guten Funktionsumfang und sinnvolles Zubehör. Für einen günstigeren Preis als bei einem Einzelkauf erhält man hier alle nötigen Tools zum Aufnehmen und Transkribieren der eigenen Interviews. Insbesondere das Set von Philips ist aufgrund des großen Umfangs und der hohen Kompatibilität mit allen Systemen sehr zu empfehlen.

Transkriptionssets enthalten alle nötigen Tools zum Aufnehmen und Transkribieren – besonders umfangreich ist das Set von Philips

An dieser Stelle möchten wir auch noch einmal betonen, dass sich diese Sets nur lohnen, wenn eine Vielzahl an Interviews selbst transkribiert werden soll. Bei wenigen Interviews reicht ein normales Programm zum Abspielen von Audios sowie ein Textprogramm völlig aus, um die Arbeit am eigenen Computer in einem akzeptablen Zeitrahmen zu erledigen.

Auch die Anschaffung eines Transkriptionssets lohnt sich nur, wenn eine Vielzahl an Interviews transkribiert werden

Interessant ist dagegen die vollständige Automatisierung des Vorgangs durch spezielle Computerprogramme, die eine Spracherkennung anbieten. Diese Variante wird im folgenden Kapitel näher erläutert.

3.6 Die Zukunft der Transkription: Spracherkennung!?

Mit Spracherkennungssoftwares sind spezielle Computerprogramme oder Apps gemeint, die gesprochene Sprache erkennen und automatisch in schriftlichen Text umwandeln. Die Sprache wird dabei in Bezug auf gesprochene Wörter, Bedeutung und Sprechercharakteristiken analysiert, um ein möglichst genaues Ergebnis zu erzielen. Dies ist nicht zu verwechseln mit der Stimmerkennung, also einem biometrischen Verfahren, um Personen anhand ihrer Stimme zu identifizieren.

Mittlerweile lässt sich mithilfe von Spracherkennung der PC steuern, man kann durch sie E-Mails schreiben oder im Internet surfen. Zahlreiche Lautsprecher mit integrierter Sprachsteuerung, wie z.B. Alexa von Amazon oder Google Home nutzen diese Technik ebenfalls. Darüber hinaus ist sie mittlerweile serienmäßig in den meisten Smartphones enthalten.

Man unterscheidet dabei zwischen zwei Arten der Spracherkennung:

- Sprecherunabhängige Spracherkennung: Hierbei kann jede beliebige Stimme erkannt und verarbeitet werden und eine Bedienung des Gerätes ist somit für jeden möglich. Zwar richtet sich diese Art der Anwendung an eine breite Zielgruppe, allerdings ist der vorhandene Wortschatz hier begrenzt.

Mit Hilfe von Spracherkennungssoftware wird gesprochene Sprache automatisch in Text umgewandelt – dabei kann zwischen sprecherabhängiger und sprecherunabhängiger Spracherkennung unterschieden werden.

- Sprecherabhängige Spracherkennung: Bei dieser Variante wir das Programm auf die individuelle Sprache des jeweiligen Nutzers trainiert, wodurch spezifische Abkürzungen und Wendungen erlernt werden können. Der Wortschatz ist dadurch wesentlich umfangreicher.

Vom technischen Standpunkt aus, gibt es zwei mögliche Wege der Abwicklung dieses Prozesses. Entweder, er findet auf dem jeweiligen Gerät des Nutzers direkt statt, wodurch das Ergebnis nahezu unmittelbar vorliegt (Front-End), oder die Umsetzung erfolgt auf einem gesonderten Server, unabhängig vom Gerät des Nutzers (Back-End).

Eine große Rolle spielt bei diesem Prozess natürlich die Qualität der Tonaufnahme. Viele Sprecher, Störgeräusche oder eine zu hohe Entfernung zum Mikrofon beeinflussen das Ergebnis negativ. Aufgrund dieser Einschränkungen und weiterer Schwierigkeiten, wie z.B. individuelles Sprecherverhalten oder Dialekt, ist eine komplett automatisierte Transkription (noch) nicht fehlerfrei möglich und sie ist somit der menschlichen manuellen Transkription qualitativ unterlegen. In jedem Fall ist deshalb eine menschliche Nachkorrektur erforderlich, wenn ein gewisses Qualitätsniveau erreicht werden soll. Unter optimalen Bedingungen und bei vorherigem Training anhand der Stimme des Nutzers sind die Ergebnisse jedoch bereits gut. Insbesondere unter Berufsgruppen wie Ärzten oder Juristen gibt es schon zahlreiche Anwender.

> Für die automatische Spracherkennung ist die Qualität der Aufnahme besonders wichtig – Herausforderungen stellen viele Sprecher, Störgeräusche sowie Abweichungen von der Standardaussprache dar. Generell ist eine menschliche Nachkorrektur erforderlich.

Der Marktführer auf diesem Gebiet ist Hersteller Nuance Communications mit seiner Programmserie „Dragon". Die neueste Version Dragon Professional Individual 15 bietet neben der Sprachsteuerung des PCs auch eine Transkriptionsfunktion, auch für eine beliebige Anzahl an Sprechern. Dabei werden folgende Formate unterstützt:

> Marktführer auf diesem Gebiet ist Dragon – Dragon Professional 15 bietet umfangreiche Funktionen für die Transkription

mp3, .aif, .aiff, .wav, .mp4, .m4a und .m4v

Die Hersteller versprechen, dass sogar nicht diktierte Satzzeichen automatisch gesetzt werden. Tests ergeben jedoch, dass dies keinesfalls fehlerfrei funktioniert, insbesondere bei Interviews mit vielen Störgeräuschen. Dazu kommt, dass das Programm keine Sprecherzuordnung vornehmen kann. Bei einer einzelnen Person, auf deren Stimme die Software vorher trainiert wurde, sind die Ergebnisse wesentlich besser. Man muss hierbei allerdings immer bedenken, dass das umfangreiche Training auf die eigene Stimme einen hohen Arbeitsaufwand bedingt. Für ein Gruppengespräch oder Interview ist diese Lösung wenig praktikabel, da jeder Sprecher eine Lizenz für die Nutzung des Programms besitzen und das System die Stimmen jedes einzelnen Gesprächspartners erlernen müsste.

> Das Programm kann keine Sprecherzuordnung vornehmen und sollte für ein gutes Ergebnis auf die eigene Stimme trainiert werden

Dementsprechend ist die Software mit 399€ vergleichsweise teuer. Sie kann ab Windows 7 oder mit MacOS genutzt werden. Dabei muss aber beachtet werden, dass die Transkriptionsfunktion nur in der „Professional" Version enthalten ist. Die günstigere Variante „Home" bietet lediglich die Spracherkennung und -steuerung. Zudem kann die Software nur mit von Nuance zertifizierten Diktiergeräten genutzt werden. Dafür erlaubt die App „Dragon Anywhere" die mobile Nutzung der Funktionen auf dem Smartphone.

Mittlerweile haben auch andere große Konzerne wie Google diesen Markt für sich entdeckt und bieten neben den sprachgesteuerten Lautsprecher auch Lösungen für automatisierte Transkriptionen an. Mithilfe von Google Cloud Speech API kann ebenfalls Sprache in Text umgewandelt werden. Dabei werden zusätzlich neuronale Netzwerke und maschinelles Lernen eingesetzt, um die Ergebnisse stetig zu verbessern.

Eine Alternative bietet Google Cloud Speech – hier befindet sich die Sprecherzuordnung in der Testphase

Abschließend lässt sich festhalten, dass sich die Software aufgrund des hohen Preises und den vielen Fehlern bei mehreren Sprechern oder leichten Störgeräuschen noch nicht lohnt. Ohne die Sprachmuster der Personen vorab einzulernen, können keine zufriedenstellenden Ergebnisse erzielt werden. Dazu kommt der anschließende hohe Korrekturaufwand. Eine Sprecherzuordnung muss ebenfalls manuell vorgenommen werden. Dies kann bis jetzt noch nicht durch die KI geschehen. Bei u.a. Google befindet sich diese Funktion in der Testphase, auch hier ist die Sprecherzuordnung noch zu ungenau. Ebenfalls nicht möglich ist das automatisierte Setzen von Zeitstempeln, auch diese Funktion befindet sich noch in der Testphase (u.a. bei f4).

Ohne vorab trainierte Sprachmuster ist der Korrekturaufwand meist sehr hoch – Eine Sprecherzuordnung muss noch manuell vorgenommen werden

Übersicht zur Qualität (in Prozent) maschinell erstellter Transkripte, nach eigenen Erfahrungswerten:

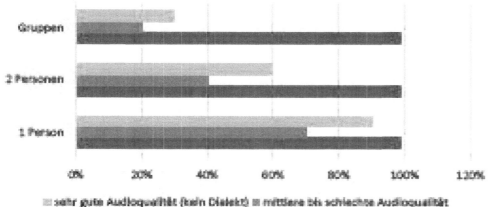

(Abb. 6: Qualität maschinell erstellter Transkripte/ manuelle Transkription)

Alles in allem erreicht aber die maschinelle Transkription i.d.R. noch nicht das Niveau einer manuell erstellten Transkription. Für einen ersten Eindruck folgt hier ein Beispiel für die Transkription eines Interviews (mit zwei Sprecherinnen) mit künstlicher Intelligenz. Dieses wurde von einem der zurzeit bekanntesten Transkriptionsprogramme, Google Cloud Speech-to-Text, erstellt.

NAME DER DATEI:
INTERVIEW ANETTE BRONDER AUF DER HANNOVER MESSE

(Ausschnitt aus: https://www.youtube.com/watch?v=Es-ClO9dEwA,
zugegriffen am 08.05.2019)

die Digitalisierung und Vernetzung spielt auch in diesem Jahr auf der Hannover Messe Industrie eine bedeutende Rolle die Telekom ist zum dritten Mal mit einem Stand vertreten und zeigt ganz konkrete Anwendungsbeispiele das Motto lautet Digitalisierung einfach machen Frau Bronder was verstehen sie eigentlich darunter einfach machen können wir uns ein Beispiel geben ja sehr mir schon gutes Stichwort geliefert einfach machen sie sagten ja gerade eben die Messe wird zum dritten Mal zum Thema aufdigitalisierung hier auf der Hannover-Messe ich glaube jetzt ist der Zeitpunkt gekommen von Mama aus dem Labor rein in die Praxis muss das erwarten konnten jetzt ist er wartet auch der Standort Deutschland nehme ich mit Lösungen zu kommen explizit auch für Mittelstand aber auch für große Kunden die anwendbar sind die standardisiert sind er mir zum ersten Starter-Kit eine Box mit der Hardware mit Sensorik wo wir das Thema Daten sammeln dass Daten auswerten schon Kundin sehr einfach machen welche weiteren Technologien und Lösungen stellt die Telekomkommt noch hier vor jede Menge ich möchte aber darauf hinweisen dass es uns wichtig ist dieses Jahr zu sagen wäre nicht Technologie und Lösungen das sind wir Status haben wir aber wir bieten das Thema Internet der Dinge als Servicepaket an zum allerersten Mal wir sind in der Lage connectivity über unser gutes Netz zu liefern Cloud-Lösungen Security-Lösungen bis hin zu einzelnen Detaillösungen in der Analytics

Hier ist noch einmal zu erkennen, dass von der „KI" keine Sprecherzuordnung vorgenommen wird. Auch die Zeichensetzung wird hier nicht berücksichtigt.

Insgesamt kann man festhalten, dass sich die automatisierte Spracherkennung aktuell für zwei Anwendungsfelder eignet:

- Bei Diktaten (z.B. von Anwälten oder Ärzten): Bei diesen Aufnahmen mit meist nur einem immer gleichen Sprecher und einer hervorragenden Audioqualität, zudem einem eingegrenzten Vokabular kann ein Tool sehr gut auf die entsprechende Stimme und das Vokabular trainiert werden und so gute Ergebnisse liefern.

- Bei niedrigen Anforderungen an die Transkriptionsqualität kann der Einsatz ebenfalls sinnvoll sein. Dies ist z.B. bei der Digitalisierung von Hörfunkarchiven der Fall, bei denen die Durchsuchbarkeit das Ziel ist und daher keine perfekten Transkripte nötig sind. Bei einer oft extrem großen Menge an Material ist bei solchen Anwendungen eine manuelle Transkription aus Wirtschaftlichkeitsgründen von vornherein ausgeschlossen.

Für alle weiteren Zwecke, z.B. Interviews, eignet sich die automatisierte Spracherkennung auf dem aktuellen technischen Stand leider noch nicht. Hier sind möglicherweise in den kommenden Jahren und Jahrzehnten aber weitere Entwicklungen zu erwarten.

4 Analysieren

Je nach Zweck der Transkripte können diese nach der Erstellung unterschiedlich verwendet werden. Zum einen können daraus die wichtigsten Aussagen entnommen und im Kontext der Studie, beziehungsweise der Fragestellung eingebettet werden, z.B. in Form von Zitaten. Eine weitere Art der Verwendung ist die Inhaltsanalyse.

Grundsätzlich kann zwischen einer qualitativen und quantitativen Inhaltsanalyse unterschieden werden. Für eine qualitative Analyse wird dabei häufig das Verfahren nach Mayring herangezogen. Dieses richtet sich an Forschende aus den Bereichen Pädagogik, Psychologie, Soziologie, Kommunikationswissenschaft und ähnlichen.

Die Analyse kann qualitativ oder quantitativ erfolgen. Für die qualitative Inhaltsanalyse wird dabei oft Mayring herangezogen

4.1. Qualitative Inhaltsanalyse nach Mayring

Bei der qualitativen Inhaltsanalyse werden Texte, wie Interviews regelgeleitet auf eine Fragestellung hin interpretiert und ausgewertet (vgl. Mayring 2015). Grundlage für eine qualitative Inhaltsanalyse nach Mayring sind sogenannte Kategoriensysteme. Die Kategorien mit ihren Unterkategorien und jeweiligen Definitionen sind zentraler Bestandteil für die Analyse. Generell sollte das Kategoriensystem aus Kategorien bestehen, die klar voneinander abgrenzbar sind.

Zentral für eine Inhaltsanalyse nach Mayring sind Kategoriensysteme – die Kategorien sollten klar voneinander abgrenzbar sein

Für die Transkription gibt es nach Mayring drei verschiedene Techniken. Die phonetische Transkription mit dem IPA (s. Kapitel 3.2.4), um Dialekt- und Sprachfärbungen wiederzugeben, die literarische Umschrift, bei der Dialekt (im gebräuchlichen Alphabet, nicht im IPA) beibehalten wird und die Übertragung in normales Schriftdeutsch. Letztere Variante ist laut Mayring die geeignetste, wenn inhaltlich-thematische Aspekte im Vordergrund stehen. Dabei wird Dialekt bereinigt, Satzbaufehler behoben und der Stil geglättet. Diese Variante entspricht der einfachen Transkription von abtipper.de (vgl. Kapitel 3.3.1).

Das Verfahren der qualitativen Inhaltsanalyse nach Mayring beinhaltet neun Schritte (s. Abb. 7). Im Folgenden werden einige zentrale Aspekte des Verfahrens in Kürze dargestellt.

In einem ersten Schritt soll das Ausgangsmaterial genauer bestimmt werden. Zentrale Fragen dabei sind:

Was wird analysiert? (Nur ein Ausschnitt des Textes oder alles?)

Wer hat das Material produziert? (Wer ist der/ die AutorIn und was ist sein/ ihr Hintergrund?)

Wie liegt das Material vor? (Meist als Transkript.)

Anschließend folgt die Formulierung einer Fragestellung. Dabei wird festgelegt worauf der Interpretationsfokus liegt. Das können zum Beispiel emotionale Reaktionen, Meinungen oder Intentionen sein.

Der erste Schritt ist die Bestimmung des Ausgangsmaterials: Was wird analysiert? Wer hat das Material produziert? Wie liegt das Material vor? Anschließend folgt die Formulierung einer Fragestellung

Im Zentrum des Verfahrens steht das „Ablaufmodell", dabei wird zwischen drei Techniken unterschieden:

1. Explizierende Inhaltsanalyse

    Bei der explizierenden Inhaltsanalyse werden zusätzliche Daten, wie z.B. Hintergrundinformationen herangezogen. So sollen vor allem unklare Textstellen leichter verständlich gemacht werden. Die entsprechenden Daten sollten systematisch gesammelt und im Forschungsprozess transparent gemacht werden.

2. Strukturierende Inhaltsanalyse

    Zentral bei der strukturierenden Inhaltsanalyse ist das Herausfiltern von Kriterien, die den Text in seiner Gesamtheit darstellen. Dazu wird ein Kategoriensystem entwickelt, welches hauptsächlich auf zuvor festgelegten Kriterien basiert. Damit handelt es sich bei der strukturierenden Inhaltsanalyse um ein „deduktives" Verfahren, d.h. es gibt präzise theoretische Vorannahmen. Möglich bei der strukturierenden Inhaltsanalyse ist auch, dass neue Inhalte auftreten und damit neue Kategorien gebildet werden können. Dieser Prozess wird „induktive" Kategorienbildung genannt.

3. Zusammenfassende Inhaltsanalyse

    Bei der zusammenfassenden Inhaltsanalyse werden die Texte auf ihren wesentlichen Inhalt reduziert. Dabei entsteht ein Kurztext, der als Basis der Interpretation dient. Die Kategorienbildung erfolgt induktiv, d.h. die Kategorien entwickeln sich auf Grundlage des Materials. Zu den Mitteln bzw. Regeln des Verfahrens zählen Paraphrasierung, Generalisierung und Formen der Reduktion.

Nach Erstellung eines Kategoriensystems sollten die Kategorien definiert und voneinander abgegrenzt werden. Dazu sollten entsprechend Beispiele aus dem Text für die jeweilige Kategorie gesammelt werden. Anschließend folgt die Interpretation der Ergebnisse hinsichtlich der vorangegangenen Fragestellung.

Im Zentrum des Verfahrens steht das Ablaufmodell. Hier kann zwischen drei Techniken unterschieden werden: Explizierende Inhaltsanalyse, Strukturierende Inhaltsanalyse und Zusammenfassende Inhaltsanalyse

Abschließend werden die Ergebnisse hinsichtlich der vorangegangenen Fragestellung interpretiert

Arbeitsschritte der qualitativen Inhaltsanalyse (nach Mayring 2015)

1. Festlegung des Materials
2. Analyse der Entstehungssituation
3. Formale Charakteristika des Materials
4. Richtung der Analyse bestimmen
5. Theoretische Differenzierung der Fragestellung
6. Bestimmung der Analysetechniken, Festlegung des konkreten Ablaufmodells
7. Definition der Analyseeinheiten
8. Analyseschritte mittels des Kategoriensystems, Zusammenfassung, Explikation, Strukturierung, Rücküberprüfung des Kategoriensystems an Theorie und Material
9. Interpretation der Ergebnisse in Richtung der Fragestellung, Anwendung der inhaltsanalytischen Gütekriterien

(Abb. 7: Arbeitsschritte der qualitativen Inhaltsanalyse (nach Mayring 2015))

4.2. Quantitative Inhaltsanalyse

Die quantitative Inhaltsanalyse ist die systematische Analyse großer Textmengen, bei der möglichst objektiv und systematisch vorgegangen wird. Auch hier ist die Bildung eines Kategoriensystems essenziell für die Auswertung. Grundsätzlich ist immer eine Quantifizierung gefordert, d.h. alle Kategorien werden nach Häufigkeit ausgezählt.

Die quantitative Inhaltsanalyse ist die systematische Analyse großer Textmengen – dabei wird objektiv und systematisch gearbeitet

Der zentrale Schritt bei quantitativen Verfahren ist die anschließende statistische Auswertung der Ergebnisse nach Häufigkeit und in Bezugnahme auf die Fragestellung.

Zentraler Schritt bei der quantitativen Inhaltsanalyse ist die statistische Auswertung der Ergebnisse nach Häufigkeit

4.3. Tools für die Auswertung von Transkripten

Eine weitere Methode, die insbesondere für eine quantitative Inhaltsanalyse hilfreich ist, ist die computergestützte Datenanalyse. Dabei können Daten mithilfe spezieller Software analysiert werden. Gerade bei größeren Datenmengen bietet die Nutzung spezieller Software einen erleichterten Umgang hinsichtlich der Strukturierung und Organisation der Daten. Zu den häufigsten Softwarepaketen im Bereich Transkription zählen MAXQDA und f4analyse (s. auch Kapitel 3.5.2.).

Auch für die Auswertung kann auf spezielle Programme zurückgegriffen werden – diese erleichtern eine Strukturierung und Organisation der Daten. Am bekanntesten sind MAXQDA und f4analyse.

Dabei bietet MAXQDA deutlich mehr Features, die über die Textanalyse hinausgehen:

- Daten lesen, editieren und codieren
- Paraphrasen
- Memos erstellen
- Visualisierungsoptionen (z. B. Anzahl der Codes in verschiedenen Dokumenten)
- Gruppenvergleiche
- Kombination von Codes und Umfang von Codierungen analysieren
- Import und Export demographischer Daten (Variablen) von und zu SPSS und Excel
- Import von Umfrageergebnissen von Survey Monkey
- Import von Webseiten oder Teilbereichen einer Webseite
- Suchfunktion
- Audio- und Videomaterial transkribieren
- Integrierter Mediaplayer
- Georeferenzen
- Mit Emoticons und Symbolen codieren
- Export zu Text, Excel, HTML, XML
- Häufigkeitstabellen und Diagramme erstellen
- Deskriptive und inferenzstatistische Analysen
- Erstellen von Ordnern möglich
- Codierung von Audio-/Videodaten ohne vorhandenes Transkript
- Variablen zur Selektion spezifischer Text- oder Codegruppen
- Codehäufigkeiten für verschiedene Textgruppen vergleichen
- Verwendung von mehreren Benutzergruppen in einem Projekt
- Texte, Codes, Memos, codierte Textstellen und freie Objekte auf einer weißen Fläche anordnen und mit Pfeilen verbinden
- Darstellung von Texten als Bild
- Worthäufigkeitsliste und Wortlisten zur Auszählung von Worthäufigkeiten für Texte, Textgruppen oder Codes auszählen. (kostenpflichtiges Zusatzmodul)
- Statistische Auswertungen vornehmen (StatsPro Modul)

Zudem ist bei MAXQDA die Kompatibilität mit wesentlich mehr Dateiformaten gegeben als bei f4analyse. Es können nicht nur alle gängigen Audioformate verarbeitet werden, sondern auch zahlreiche andere Quellen, wie z.B. PDF, XLSX, JPG, Videodaten oder Tweets.

Bei MAXQDA ist die Kompatibilität deutlich vielfältiger als bei f4analyse

Die Software f4analyse beschränkt sich auf einige Basisfunktionen. F4analyse wird im Paket mit f4transkript angeboten. Der Preis variiert zwischen 50 Euro (für Studenten, für 6 Monate) und 500 Euro (für eine USB Lizenz). Diese Software ist besonders für kleine Datenmengen (bis zu 30 Interviews) geeignet. Zu den Funktionen gehören neben denen von f4transkript (vgl. Kapitel 3.5.2.):

F4analyse beschränkt sich auf die wichtigsten Basisfunktionen – die Software ist besonders für kleine Datenmengen geeignet

- Hilft rtf Dateien zu lesen
- Strukturierung der Fundstellen, spannende Passagen können gefiltert werden
- Erkenntnisse können notiert werden
- Ergebnisse können übersichtlich zu word exportiert werden, als Ergebnisbericht aufbereitet werden
- Anmerkungen als Memos speichern
- Kommentare zu Text und zu Codes
- Memos sind codierbar
- Codes entwickeln und Text und Memo zuordnen
- Übersichtliche Darstellung des Codesystems, Darstellung mit unterschiedlichen Farben
- Codierte Textstellen lassen sich leicht filtern und vergleichen

Vergleicht man die beiden Programme f4 und MAXQDA, dann lässt sich festhalten, dass f4 eher für Einsteiger geeignet ist, da es durch seinen wesentlich geringeren Funktionsumfang eine vereinfachte Bedienbarkeit bietet. MAXQDA sollte dagegen bei umfangreichen Projekten mit vielen Anforderungen oder wenn ein spezielles Dateiformat, das f4 nicht verarbeiten kann, verwendet werden. Ein weiteres, sehr spezielles Programm, das auch der Auswertung von Transkripten dient, ist „EXMARaLDA" (s. dazu Kapitel 3.3.3).

F4analyse ist eher für Einsteiger geeignet, es bietet eine vereinfachte Bedienbarkeit. In MAXQDA sind die Funktionen komplexer – besonders zu empfehlen ist die Software bei umfangreicheren Projekten

5 Hilfestellung

5.1. Selbst transkribieren oder auslagern?

Interviews lassen sich meist nur dann gut nutzen und auswerten, wenn diese transkribiert vorliegen. Der meist erhebliche Zeitaufwand für diesen Schritt sollte dabei nicht unterschätzt werden. Es muss also auf jeden Fall genügend Zeit für die selbst durchgeführte Transkription oder genügend Geld für eine Auslagerung dieser an einen Dienstleister vorhanden sein. Sollte beides fehlen, dann sollte möglicherweise ganz auf die Interviews verzichtet werden.

Der meist erhebliche Zeitaufwand sollte nicht unterschätzt werden – dementsprechend sollte genügend Zeit eingeplant werden oder, bei einer Auslagerung, entsprechend Geld

5.1.1. Das richtige Zeitmanagement

Die sorgfältige Transkription eines Interviews kann für eine ungeübte Person ein Vielfaches der Aufnahmezeit und damit sehr lange dauern. Es sollte daher auf jeden Fall vorab ein Test gemacht werden, um entscheiden zu können, ob die Erstellung der Transkripte selbst übernommen werden kann oder dies an einen Dienstleister ausgelagert werden soll.

Für eine Transkription wird ein Vielfaches der Aufnahmezeit benötigt – daher lohnt es sich zuvor einen Test zu machen

Entscheidend für die Dauer der Transkription ist auch das gewählte Transkriptionsverfahren. Während einfache Transkriptionsregeln auch für ungeübte Personen zu bewältigen sind, benötigt man für komplexe Verfahren (z.B. TIQ oder GAT2) einiges an Erfahrung oder sehr viel Zeit.

Die Dauer hängt auch vom Transkriptionsverhalten ab – für komplexe Verfahren wird viel Zeit bzw. Erfahrung benötigt

5.1.2. Kosten für eine Transkription

Transkriptionsdienstleister berechnen die anfallenden Kosten üblicherweise in Euro pro Audio- oder Videominute. So sind die Gesamtkosten vorab leicht kalkulierbar.

Bei abtipper.de kostet eine einfache Transkription 1,18 Euro pro Audiominute (inkl. MwSt.) und eine wissenschaftliche Transkription inkl. Lektorat 1,40 Euro pro Audiominute (inkl. MwSt.). Darin enthalten sind eine Zufriedenheitsgarantie und eine Preisgarantie. Es gibt dabei keinerlei Preisaufschläge für mehrere Sprecher oder eine schlechte Tonqualität.

Üblicherweise werden die Kosten in Euro pro Audio- oder Videoaufnahme berechnet – Bei abtipper.de sind darin eine Zufriedenheitsgarantie und eine Preisgarantie enthalten. Für mehrere Sprecher oder eine schlechte Tonqualität gibt es keinerlei Preisaufschläge

5.1.3. Rechtliches und Datenschutz bei Dienstleistern

Für die Nutzung eines Transkriptionsdienstleisters müssen die Interviewdaten an diesen weitergegeben werden. Bei abtipper.de geschieht dies über einen gesicherten Upload der Dateien. Die Transkription erfolgt unter einem hohen Datenschutzstandard, die Dateien werden nach Abschluss des Auftrages gelöscht.

Bei abtipper.de erfolgt die Datenübertragung über einen gesicherten Upload – Bei der Transkription gelten hohe Datenschutzstandards

Wichtig hierbei ist es, dass der Interviewpartner in die Weitergabe der Dateien einwilligt. Dies kann z.B. mündlich zu Anfang des Interviews erfolgen (vgl. Kapitel 1.1.6.).

5.2 Zu abtipper.de

abtipper.de ist der führende deutsche Anbieter für die Verschriftlichung von Audio- und Videoaufnahmen.

Uns gibt es seit mehr als 5 Jahren, wir haben bereits mehr als 20.000 Transkriptionsprojekte realisiert. Wir haben Erfahrung mit der Transkription von mehreren Millionen Minuten. Großvolumige Aufträge in engen Zeitfenstern sind für uns das Tagesgeschäft.

Wir arbeiten aktuell in Projekten für

- 80% der deutschen Hochschulen und Universitäten
- 7 der 10 größten deutschen Marktforschungsunternehmen
- die führenden deutschen Medien (z.B. Brigitte, BILD, arte, Hessischer Rundfunk) und Unternehmen (z.B. Daimler, BMW, Sennheiser, Bahlsen)

Jeden Tag profitieren viele Professoren, wissenschaftliche Mitarbeiter, Doktoranden, Studenten, Journalisten und Marktforscher von unseren Dienstleistungen.

abtipper.de ist der führende deutsche Anbieter im Bereich Transkription – uns gibt es seit mehr als 5 Jahren. Wir haben reichlich Erfahrung und Ressourcen für großvolumige Aufträge

Wir sind Innovationsführer im Bereich Transkriptionen. Einige Dienstleistungen bieten wir als erste und bisher einzige in Deutschland an, z.B.:

- Unmittelbare Übersetzung aus einer Fremdsprache nach Englisch oder Deutsch, mit Abrechnung zum Festpreis pro Audio- oder Videominute.
- Hochvolumige Transkriptionen durch künstliche Intelligenz mit manueller Nachkontrolle

Wir bieten jedem Kunden eine 100% Zufriedenheitsgarantie. Wenn Sie mit unserer Arbeit nicht zufrieden waren, erstatten wir Ihnen den gezahlten Preis, ohne Wenn und Aber. Bisher war unsere Qualität allerdings stets so hoch, dass noch nie ein Kunde diese Garantie in Anspruch nehmen wollte!

Diese Zufriedenheit beizubehalten ist unser Anspruch für die Zukunft.

Unsere Mission ist Ihre Entlastung. Sie senden uns Ihre Audiodateien und wir kümmern uns um den Rest.

Unseren Erfolg mit einem Anteil von fast 80% an Stammkunden verdanken wir unserem sehr hohen Qualitätsanspruch und Professionalitätsgrad.

Wir sind nah am Kunden und arbeiten aus unserer Zentrale in Hannover für Sie sieben Tage die Woche, auch an Wochenenden und Feiertagen. Wir sind jederzeit für Sie erreichbar und antworten schnell und zuverlässig.

Unsere günstigen Preise ermöglichen wir durch unsere Spezialisierung auf Ihre Schreibarbeiten. Wir machen nichts anderes und sind daher in dem, was wir machen, besonders gut und effizient!

Unser Team von mehr als 2.000 „abtippern" besteht ausschließlich aus qualifizierten Fachkräften mit unterschiedlichem Hintergrund (z.B. studierte Linguisten, erfahrene Fremdsprachenkorrespondentinnen mit schreibtechnischer Prüfung, …).

Bei jedem neuen Mitarbeiter führen wir eine strikte Eingangsprüfung durch. So können wir ein einheitlich hohes Qualitätsniveau sicherstellen.

Im Bereich Transkription sind wir Innovationsführer – einige Dienste bieten wir als bisher erste und einzige, wie unmittelbare Übersetzungen und Transkription durch künstliche Intelligenz

Ihre Zufriedenheit ist uns wichtig: Wir bieten eine 100% Zufriedenheitsgarantie – bei nicht zufriedenstellender Arbeit erstatten wir den Preis zurück

Den Erfolg verdanken wir unserem hohen Qualitätsanspruch und Professionalitätsgrad – Jederzeit sind wir für Sie erreichbar

Zu unserem Team zählen mehr als 2.000 „abtipper" und besteht einzig aus qualifizierten Fachkräften – damit können wir ein einheitlich hohes Qualitätsniveau sicherstellen

6 Tipps:

Wenn Sie testen möchten, ob Ihre Dateien für eine Transkription mit künstlicher Intelligenz geeignet sind, können Sie bei uns ein kostenloses Probetranskript anfertigen lassen.

Die Benennung der Dateien erleichtert eine anschließende Analyse ungemein. Für eine bessere Übersicht empfiehlt es sich, die Dateien eindeutig zu benennen. Häufiger Fehler dabei: die Übernahme des Dateinamens, wie er im Aufnahmetool (automatisch) erfasst wird (besonders häufig als „Interview 1", „Aufnahme 1" o.ä.).

Für die Aufnahme von Interviews sind Handy-Apps in den meisten Fällen ausreichend, sodass der Erwerb eines Diktiergerätes nicht zwingend erforderlich ist.

Für die Aufzeichnung von Gruppeninterviews empfiehlt sich eine Videoaufnahme. Dies erleichtert die Transkription, insbesondere die Sprecherzuordnung und auch die anschließende Auswertung.

Bei einem Interview sollten Suggestivfragen möglichst vermieden werden.

Wenn viele Fachwörter verwendet werden, ist es sinnvoll ein Glossar anzulegen – vor allem, wenn die Transkription von einem Außenstehenden oder Dienstleister vorgenommen wird.

Der Faktor Zeit sollte nicht unterschätzt werden – Für eine Transkription sollte etwa das 3 – 10 fache der Anzahl an Audiominuten eingeplant werden. Ungeübte Tipper sollten dementsprechend mehr Zeit einplanen.

Die Anschaffung von spezieller Transkriptionssoftware ist vor allem sinnvoll, wenn häufig und/ oder lange Interviews transkribiert werden.

7 Nützliche Links

7.1. Handbücher und Tutorials:

Für MAXQDA:
https://www.maxqda.de/download/Online-Manual-Complete-Deutsch.pdf

Für die Transkription nach HIAT mit EXMARALDA:
https://exmaralda.org/de/handbuecher-tutorials/

Zur Transkription nach GAT2:
http://www.gespraechsforschung-ozs.de/heft2009/px-gat2.pdf

Einführung in PRAAT:
https://docs.wixstatic.com/ugd/7c0460_330e1fb8889d4d388aa2073f9c-cdc19f.pdf

oder:
http://praatpfanne.lingphon.net/downloads/praat_manual.pdf

Zur Untertitelung:
https://www.zhb.tu-dortmund.de/zhb/dobus/Medienpool/downloads/Anleitung-Untertitelung.pdf

7.2. Demo Versionen:

https://www.maxqda.de/demo
https://www.audiotranskription.de/f4
https://voicedocs.com/de/transcriber

7.3. Weiterführende Literatur:

Berger-Grabner, Doris: Wissenschaftliches Arbeiten in den Wirtschafts- und Sozialwissenschaften. 3. Auflage. Springer 2016
(Bei Amazon unter https://amzn.to/2T72cJf für 29,99 Euro als Buch oder 12,99 Euro als eBook

Früh, Werner: Inhaltsanalyse. Theorie und Praxis. 7. Auflage. Konstanz: UVK Verlagsgesellschaft 2011
(Bei Amazon unter https://amzn.to/2QEBgyV für 24,99 Euro)

Gläser, Jochen / Laudel, Grit: Experteninterviews und qualitative Inhaltsanalyse. 2. Auflage. Wiesbaden: VS Verlag 2006
(Bei Amazon unter https://amzn.to/37PtVSL für 29,99 Euro)

Hansen, Gyde: Erfolgreich Übersetzen. Entdecken und Beheben von Störquellen. Tübingen: Gunter Narr Verlag 2006
(Bei Amazon unter https://amzn.to/2NbeUTA für 58,00 Euro)

Jüngst, Heike E.: Audiovisuelles Übersetzen. Ein Lehr- und Arbeitsbuch. Tübingen: Narr Verlag 2010
(Bei Amazon unter https://amzn.to/2T8Wkzo für 19,90 Euro)

Kallus, Wolfgang K.: Erstellung von Fragebogen. 2. Auflage. Wien: Utb 2010
(Bei Amazon unter https://amzn.to/39Tqqg5 für 17,99 Euro als Buch oder für 14,99 Euro als eBook)

Kuckartz, Udo: Einführung in die computergestützte Analyse qualitativer Daten. Wiesbaden: VS Verlag 2020
(Bei Amazon unter https://amzn.to/35Ftxoq für 19,99 Euro)

Nohl, Arnd-Michael: Interview und dokumentarische Methode. Anleitungen für die Forschungspraxis. 3. Auflage. Wiesbaden: VS Verlag 2009
(Bei Amazon unter https://amzn.to/2R2CH9g für 22,99 Euro als Buch oder für 4,99 Euro als eBook)

Porst, Rolf: Fragebogen. Ein Arbeitsbuch. 4. Auflage. Wiesbaden: Springer 2014
(Bei Amazon unter https://amzn.to/2Na1o2l für 19,99 Euro als Buch oder für 4,99 Euro als eBook)

8 Literaturverzeichnis

Bohnsack, Ralf: Rekonstruktive Sozialforschung. Einführung in qualitative Methoden. 9. Auflage. Opladen und Toronto: Verlag Barbara Budrich 2014
(Bei Amazon unter https://amzn.to/2T7PNVj für 19,99 Euro)

Dittmar, Norbert: Transkription. Ein Leitfaden mit Aufgaben für Studenten, Forscher und Laien. 3. Auflage. Wiesbaden: VS Verlag 2009
(Bei Amazon unter https://amzn.to/2Nc0nH4 für 27,99 Euro)

Dresing, Thorsten / Pehl, Thorsten: Praxisbuch Interview, Transkription & Analyse. Anleitungen und Regelsysteme für qualitativ Forschende. 8. Auflage. Marburg: Eigenverlag 2018
(Als Download unter https://www.audiotranskription.de/download/praxisbuch_transkription.pdf?q=Praxisbuch-Transkription.pdf)

Fuß, Susanne / Karbach, Ute: Grundlagen der Transkription. Opladen und Toronto: Verlag Barbara Budrich 2014
(Bei Amazon unter https://amzn.to/35EbZJr für 12,99 Euro)

Kuckartz, Udo: Qualitative Inhaltsanalyse. Methoden, Praxis, Computerunterstützung. 3. Auflage. Weinheim und Basel: Beltz Verlag 2016
(Bei Amazon unter https://amzn.to/39WB7yj für 14,95 Euro als Buch oder für 13,99 Euro als eBook)

Mayring, Philipp: Qualitative Inhaltsanalyse: Grundlagen und Techniken. 12. Überarbeitete Auflage. Weinheim und Basel: Beltz Verlag 2015
(Bei Amazon unter https://amzn.to/37UbBlp für 17,95 Euro als Buch oder für 16,99 Euro als eBook)

Rues et. al.: Phonetische Transkription des Deutschen. 3. Auflage. Tübingen: narr Verlag 2014
(Bei Amazon unter https://amzn.to/37LzFNi für 19,99 Euro)